24. Dezember

Zwischen Adventschaos und Weihnachtsfreude

Projekt-Seminar Deutsch 2017/19
des Gymnasiums Gaimersheim

24. Dezember

Zwischen Adventschaos und Weihnachtsfreude

Bibliografische Information der Deutschen Nationalbibliothek:
Die Deutsche Nationalbibliothek verzeichnet diese Publikation in der Deutschen Nationalbibliografie; detaillierte bibliografische Daten sind im Internet über http://dnb.dnb.de abrufbar.

weitere Mitwirkende: **Anne Denzlein, Bianca Burmeister, Hans-Peter Schneider, Jacqueline Hitér, Janina Hofmann, Jessica Gruschwitz, Jette Josefine Borck, Juliana Tonn, Klara Mowitz, Lea Schaller, Melissa Dreinhöfer, Philipp Bernt, Sabrina Taub, Viktoria Wollweber**

Umschlagbild: Jacqueline Hitér
Herstellung und Verlag: BoD – Books on Demand, Norderstedt

ISBN:978-3-7481-8093-7

Inhalt

Texte von Autoren ab 14 Jahren — 83

Unsere Geschichten & Gedichte   183

Danksagung   215

Zeichnung von Anouk Gollewsk

Vorwort

Das Wort. Eines der mächtigsten Dinge auf dieser Welt. Denn Wörter haben die Kraft, ganze Welten zu erschaffen – einfach so aus dem Nichts, durch das bloße Sortieren, Ordnen, neu kombinieren ihrer selbst. Unmögliches wird möglich, Leben wird eingehaucht in diese Parallelwelt des Geistes und der Fantasie, die ein Ort der Zuflucht, aber auch des Schreckens sein kann. Durch Wörter entstehen Orte und Menschen, von denen man sich wünscht, sie würden existieren, einfach weil sie so unglaublich echt, so real geworden und einem ans Herz gewachsen sind – und das alles ausgelöst durch Wörter, mit Bedacht gewählt und formuliert.

Kein Wunder also, dass die Faszination für das eigene Ausdenken von Geschichten bereits früh geweckt wird. Zuerst im Kleinkindesalter mündlich vor sich hin erzählend, dann, wenn die Fähigkeit des Schreibens erlernt wird, kann dieses kindliche Genie geteilt werden, welches über die weiteren Jahre an Fertigkeit reift und sich das ganze Leben lang in uns befindet.

Auch unser Projekt-Seminar trägt diese Faszination in sich, was vermutlich auch der Grund war, weshalb wir es gewählt haben. Denn das Thema unseres Seminars lautet: „Organisation eines Literaturwettbewerbs". Man kann durchaus sagen, dass wir uns mit großer Motivation am Anfang des vergangenen Jahres ans Werk gemacht haben. Dies war auch der Grund, weshalb dieses Projekt letztendlich größer ausfiel als anfangs gedacht. Denn an das schlichte Organisieren des Projekts schloss sich die Idee einer Buchherausgabe an. In diesem sollten die eingereichten Geschichten und Gedichte gesammelt werden, so dass wir auch zum Schluss etwas in Händen halten können, was wir selbst geschaffen haben - ein Beweis unserer harten Arbeit. Und das war es auch, denn wir mussten uns pünktlich daran machen, den Wettbewerb in die Wege zu leiten, sonst würde es zu knapp werden mit zukünftigen Plänen. Es musste alles durchdacht, ein Thema festgelegt, Sponsoren gefunden und unser Projekt bekannt gemacht werden, um dafür zu sorgen, dass unser Seminarziel erreicht werden konnte. Dann brauchten wir eine Jury und während alledem mussten wir den Überblick behalten, damit nichts vergessen wurde. Nebenbei begann dann die Planung unseres Buchbandes. Wir brauchten ein Cover, ein Layout und vieles vieles mehr.

Aber wir haben es recht schnell geschafft, als Team zu funktionieren, und können Ihnen, liebe Leserinnen und Leser, nun das Ergebnis präsentieren, also jenes Werk, welches Sie nun in Händen halten!

Es ist gefüllt mit den Geschichten und Gedichten von Autorinnen und Autoren aller Altersklassen zu dem Thema „24. Dezember" und auch unsere eigenen haben wir hinzugefügt.

Also bleibt nicht mehr viel zu sagen als: Viel Freude beim Lesen dieses Bandes und lassen Sie sich überraschen, was sich unsere Schriftstellerinnen und Schriftsteller alles haben einfallen lassen!

Viel Freude und eine wundervolle Weihnachtszeit wünschen

Anne Denzlein, Bianca Burmeister, Jacqueline Hitér, Janina Hofmann, Jessica Gruschwitz, Jette Josefine Borck, Juliana Tonn, Klara Mowitz, Lea Schaller, Melissa Dreinhöfer, Philipp Bernt, Sabrina Taub und Viktoria Wollweber

P-Seminar „Literaturwettbewerb" 2017-19 am Gymnasium Gaimersheim

Texte von Autoren im Alter von 9 bis 13 Jahren

Christbaumschmücken

Es war der 24. Dezember. Während draußen ruhig der Schnee vom Himmel fiel, waren wir im Haus ganz anderer Stimmung. Mama und Papa hatten, wie immer an Weihnachten, alle Hände voll zu tun. Das Haus musste dekoriert, die restlichen Plätzchen verziert und der Christbaum geschmückt werden. Und die Geschenke verpackten sich schließlich auch nicht von selbst! Meine Schwester Eva und ich waren furchtbar aufgeregt und konnten die Bescherung kaum erwarten. Bei allen, vor allem aber bei Mama und Papa, lagen die Nerven blank. Unsere Eltern waren schrecklich gereizt.

Meine Schwester Eva und ich unterhielten uns gerade darüber, wie viele Geschenke wir wohl bekommen würden, als Mama plötzlich entnervt rief: „Habt ihr das Geschenk für Tante Emma irgendwo gesehen?" Ich rief zurück: „Nein. Du konntest dich doch nicht entscheiden und wolltest es später für sie kaufen!" „Oh! Das hab ich vergessen!", stöhnte sie. Papa kommentierte: „Typisch! Das auch noch! Jetzt müssen wir nochmal in die Stadt fahren und ein Geschenk besorgen! Und den Christbaum müssen wir auch noch schmücken. Wie sollen wir denn das noch schaffen? Von wegen stille Nacht!" Mama erwiderte gestresst: „Nörgeln hilft jetzt auch nichts! Komm, Hubert, wir müssen nochmal los. Kinder, bleibt ihr da? Streitet nicht und stellt ja nichts an!" „Ja, kein Problem. Wir werden die Zeit schon irgendwie rumbringen. Bis später!", riefen wir im Chor, und schon waren unsere Eltern zur Tür hinaus.

Prompt war es ruhig – aber nur für einen Moment, denn sogleich nörgelte Eva los: „Flo, mir ist langweilig! Ich will was machen! Alle haben was zu tun, nur ich muss wieder gelangweilt auf der Couch rumsitzen! "

Jetzt ging das wieder los! Wie sollte ich den kleinen Quengelgeist jetzt wieder beschäftigen? Eva konnte zwar echt süß sein und mit ihren großen Kulleraugen wirklich jeden auf ihre Seite bringen, aber sie hatte auch die Fähigkeit, meine Geduld und Gutmütigkeit bis aufs Äußerste zu strapazieren. Gerade wollte ich mich aufregen, als mir plötzlich eine Idee kam, um die kleine Nervensäge zu beschäftigen und gleichzeitig etwas Nützliches dabei zu tun. „Eva, wir könnten doch den Christbaum schmücken! Damit würden wir Mama und Papa sicher einen riesigen Gefallen tun und hätten dabei auch noch Spaß! Was hältst du davon?"

Eva jubelte: „Hurra! Das klingt super! Wir müssen sofort anfangen!" Sie sprang auf, hüpfte vor Freude im Kreis und rief: „Wir schmücken den Christbaum! Wir schmücken den Christbaum!"

„Komm, lass uns jetzt anfangen! Wir haben nicht so viel Zeit, sonst kommen Mama und Papa noch zu früh nach Hause!", unterbrach ich ihren Freudentanz. „Und dann wäre die ganze Überraschung im Eimer!"

Gesagt - getan. Zum Glück war der Baum schon in seinem Ständer und die Christbaumkugeln standen neben ihm bereit, sodass wir gleich starten konnten. Eva hatte bereits die erste Schachtel aufgerissen und begann eifrig, die Kugeln an den Baum zu hängen. Zuerst hatte ich Zweifel, ob es wirklich so eine gute Idee war, sie mit ihrem ungestümen Temperament an die zerbrechlichen Kugeln heranzulassen. Nicht, dass sie noch alle Kugeln zerschlagen würde. Aber dieser Zweifel verflog schnell, als ich sah, mit welcher Geschicklichkeit sie die Kugeln mit ihren kleinen Händen an den Baum hängte. Wir begannen oben am Baum und schmückten nach unten. Auch mir machte das Schmücken mächtig Spaß. Kugeln, Kerzen, Sterne und Schleifen in allen Formen, Farben und Größen wanderten an den Baum.

Als wir fertig waren, betrachteten wir unser Meisterwerk. Der Christbaum kam mir jedoch irgendwie komisch vor. „Eva, findest du nicht auch, dass mit dem Baum etwas nicht stimmt? Irgendetwas fehlt noch!"

Plötzlich deutete Eva auf etwas Glitzerndes, das auf dem Wohnzimmertisch lag. „Der Stern!“, rief sie. „Wir haben ihn vergessen!“ Schon wollte sie hinlaufen und ihn holen, aber ich hielt sie auf: „Nein, Eva, den Stern darfst du nicht anfassen, der ist viel zu empfindlich!“

„Ich will aber!“, quengelte sie zurück. „Ich habe ihn doch auch gefunden!“ Sie versuchte, mir den Stern, der aus filigranem Glas war, aus der Hand zu reißen, ich hielt ihn jedoch in die Höhe, sodass sie ihn nicht erreichen konnte. „Sei doch vorsichtig! Hilf lieber mit, den Stern irgendwie auf die Baumspitze zu bekommen ohne dass der andere Schmuck herunterfällt!“ Ihre Antwort war ein beleidigtes Grunzen. Immerhin war sie jetzt leise.

Ich zog los und kam mit einem Stuhl aus der Küche wieder. Diesen platzierte ich neben dem Christbaum und stellte mich darauf. Ich streckte und reckte mich, und Eva feuerte mich sogar an, dennoch kam ich nicht an die Spitze. „Mist! Ich bin zu klein. Wir brauchen noch etwas Hohes oder Dickes, vielleicht ein Buch. Hol mal den dicken Atlas von Mama aus dem Schrank!“

Eva rannte sofort zum Schrank und holte den Atlas. „Hier! Denkst du, das reicht? Wir könnten ja noch einige von Papas alten Zeitschriften darauflegen“, meinte Eva.

„Gute Idee! Wie wär's denn mit dem Telefonbuch? Das ist auch ganz dick!“, schlug ich vor. Ich lief los und holte das Telefonbuch. Nachdem wir alles auf den Stuhl verfrachtet hatten, startete ich einen zweiten Versuch. Ich reckte mich wieder, soweit ich konnte, aber egal was ich auch tat, ich war immer noch zu klein. „Das kann doch nicht wahr sein!“, schimpfe ich.

„Reg dich nicht so auf.“, beschwichtigte mich Eva.

„Du hast recht. Es nützt ja nichts.“ Seufzend stieg ich vom Stuhl.

Da hatte Eva eine Idee: „Du könntest doch auf den Stuhl klettern und mich hochheben, dann kann ich den Stern an der Spitze befestigen!“

Entsetzt schüttelte ich den Kopf: „Nein, Eva, das ist zu gefährlich! Du bist mir viel zu schwer!"

Mit einem Ruck war ich wieder auf den Beinen und schon erklomm ich mit dem Stern in der Hand den Bücherturm auf dem Stuhl. Ich wusste, dass es zwecklos war, aber ich wollte es trotzdem nochmals versuchen. Ich streckte mich soweit ich konnte - und da - ich berührte mit dem Stern die Spitze. In diesem Moment stieg Eva auf den Stuhl und griff nach dem Stern. „Nein, nicht, Eva! Runter da!", schrie ich noch, aber zu spät: Der Stuhl schwankte. Ich versuchte mich noch am Christbaum festzuhalten. Vergebens! Mit einem lauten Knall krachten wir mit dem prächtigen Baum zu Boden.

„Alles in Ordnung bei dir?", rief ich besorgt zu Eva hinüber, die sich gerade ihr Hinterteil rieb. „Ja, ich glaube schon. Und bei dir?" „Bei mir ist auch alles klar.", antwortete ich.

„Sieh nur, was du angerichtet hast! Nur weil du deinen Dickkopf nicht durchsetzen konntest! Der ganze schöne Christbaumschmuck ist hin." „'Tschuldigung!" jammerte Eva. Sie war den Tränen nahe.

„Ist schon gut. Komm, wir müssen jetzt einiges wieder gut machen. Als Erstes müssen wir die Scherben wegräumen, dann den Baum wieder aufstellen und neuen Schmuck auftreiben. Aber rasch, sonst sehen Mama und Papa noch, was hier passiert ist! Dann bekommen sie einen Nervenzusammenbruch!"

Los ging`s: Ich holte den Staubsauger und Eva machte sich mit Schaufel und Besen ans Werk. In kürzester Zeit war das ganze Chaos beseitigt. Wir stellten den Christbaum wieder auf, was sich zum Glück als relativ einfach erwies, da er in seinem Ständer geblieben war. Danach war es schon spät. Mama und Papa würden bald zurückkommen. Wir mussten uns also mit dem Schmuck beeilen, hatten jedoch einfach keine Ideen. Ratlos saßen wir auf der Couch. „Flo, was sollen wir denn jetzt machen? Du hast doch sonst immer so gute Einfälle! Warum jetzt nicht?", jammerte sie.

„Ich mach ja schon! Setz mich nicht so unter Druck, sonst kann ich nicht denken!", brummte ich. Ich sah genervt zu Eva hinüber, die ihr Kuscheltier umklammerte. Plötzlich ging mir ein Licht auf!

„Eva!", rief ich. „Du hast mich gerade auf eine geniale Idee gebracht! Schnell, hol ganz viele Kuscheltiere! Und ganz viele kleine Spielsachen. Ich besorge zwischenzeitlich Schere, Faden, Lebkuchen und was der Süßigkeitenschrank hergibt. Beeil dich!"

„Was hast du vor?" Eva sah mich fragend an.

„Wirst du schon sehen!", entgegnete ich, und sogleich begannen wir, die Sachen zusammenzusuchen. Ich entdeckte Lebkuchenmännchen, Schokoriegel, Kekse und Gummibärchen, die ich zum Christbaum transportierte. Nebenbei beobachtete ich, wie Eva ein Spielzeug nach dem anderen zum Christbaum brachte.

Nachdem nun die Dinge vor uns lagen, erklärte ich Eva, wie man aus dem Faden Aufhänger für den neuen Schmuck basteln konnte. Anschließend ging´s erneut ans Christbaumschmücken – diesmal kam der Stern, der glücklicherweise heil geblieben war, zuerst und zwar mit Hilfe von Mamas Klappleiter – Wie dumm, dass wir daran nicht gleich gedacht hatten. Gerade, als wir das letzte Schmuckstück – einen Playmobil-Piraten - an den Baum gehängt hatten, ging die Tür auf. Unsere Eltern waren zurück. Wir schoben noch schnell die Leiter beiseite und begrüßten sie.

Sie wunderten und freuten sich zugleich, als sie sahen, dass der Christbaum schon geschmückt war: „Warum habt Ihr denn den Baum nicht mit dem richtigen Christbaumschmuck verziert?". Da beichteten wir ihnen die ganze Geschichte. „Ihr Chaoten", schimpfte Mama zuerst verärgert, „keine Minute kann man euch alleine lassen!" Doch sogleich beruhigte sie sich wieder. „Na ja, jetzt haben wir halt dieses Jahr einen etwas anderen Christbaum." Da mussten wir alle herzlich lachen. Und trotz des kaputten Christbaumschmucks wurde es noch ein schönes Weihnachtsfest.

Florian Mändl

Maltes Fall 2412

An einem sonnigen Vormittag saß Malte di Scoperta an seinem Schreibtisch und schaute gelangweilt nach draußen. Die Sonne schien und es war außergewöhnlich warm für diese Jahreszeit. Ein paar Kinder spielten draußen vergnügt Sackhüpfen und tollten auf der grünen Wiese herum. Niemand wäre auf die Idee gekommen, dass heute ein ganz besonderer Tag war, hätte auf dem Dach des Hauses gegenüber nicht ein riesiges Plastik-Rentier geprangt, auf dem ein lachender, dicker Nikolaus mit Weihnachtsmütze auf dem Kopf saß.

Malte seufzte. Er erinnerte sich nur zu gut an seine Kindheit, als er draußen eifrig Schneemänner mit seinen Freunden gebaut und Schneeballschlachten veranstaltet hatte. Aber dieses Jahr würde es anscheinend wieder einmal keine weiße Weihnacht geben, denn kein Schneeflöckchen war weit und breit zu sehen. Aber Malte störte das nicht. Er hatte nämlich vor, den ganzen Tag in seinem Büro zu sitzen und zu warten. Darauf zu warten, dass vielleicht doch plötzlich das Telefon klingelte und Malte losziehen konnte, um einem Verbrecher auf die Spur zu kommen. Malte di Scoperta war nämlich Detektiv. Und da keine Frau daheim auf ihn mit einem warmen Weihnachtsessen wartete, hatte er sich bereit erklärt, zu arbeiten, obwohl es doch Weihnachten war. Doch als er die Kinder draußen so vergnügt spielen sah, bereute er seine Entscheidung beinahe. Er selbst hätte an Weihnachten auch gerne ein wenig Spaß gehabt.

Malte war es furchtbar langweilig. Könnte er doch nur irgendeinen Fall lösen! Doch wie es aussah, würde dieser Wunsch unerfüllt bleiben. Er bezweifelte, dass heute irgendein Schurke in der Stadt sein Unwesen treiben würde. Nicht heute. Nicht an Weihnachten. Gerade als er beschloss, sich auszuruhen und ein kleines Nickerchen zu machen, klingelte das Telefon.

Zehn Minuten später raste Malte in seinem kleinen Mini durch die Straßen, vorbei an vielen mit Lichterketten geschmückten Häusern und Bäumen.

Eine hysterisch klingende Stimme hatte ihm am Telefon erklärt, dass etwas Schreckliches geschehen sei und dass der Detektiv sofort zur Bäckerei am anderen Ende der Stadt kommen sollte, wo das Verbrechen geschehen sei. Angesichts dieser Tatsache war Malte sofort ins Auto gesprungen und losgefahren. Er fragte sich, was wohl passiert ist.

„Ganz Weihnachten steht auf dem Spiel!", hatte die Stimme am Telefon gesagt. Etwas Grauenvolles musste passiert sein. Da war sich Malte sicher.

Bei der Bäckerei angekommen, parkte er seinen Mini in einer Seitenstraße und lief dann zum Tatort. Der völlig aufgelöste Bäcker stand schon vor der Tür und winkte dem Detektiv. Verzweifelt schluchzte er: „Sie müssen mir helfen, bitte! Ich kann mir nicht erklären, wie es geschehen ist. Der Raum war abgeschlossen und das Schloss ist unversehrt! Ich…"

Malte unterbrach ihn: „Langsam, langsam. Ich komme gar nicht mit. Sie waren es also, der mich über das Verbrechen informiert   hat?"

Der Bäcker nickte und reichte Malte die Hand: „Ich bin Bäcker Fornaio, der die besten Brötchen der ganzen Stadt macht."

„Malte di Scoperta, Detektiv", stellte sich auch Malte vor. „Um welche Art von Verbrechen handelt es sich hier? Diebstahl, Mord, …?"

„Mord? Um Himmels willen, nein! Ein Diebstahl ist geschehen!"

Malte holte seinen Notizblock hervor, um sich Aufzeichnungen zu machen. Er fragte: „Und was genau wurde gestohlen? Schmuck oder Geld vielleicht? Wurde ihre Ladenkasse ausgeraubt?"

Bäcker Fornaio schüttelte den Kopf: „Das ist es ja, was mich vor ein Rätsel stellt. Alles Geld ist noch da. Aber nicht die Kekse, es wurden Kekse gestohlen."

Malte hätte beinahe laut losgeprustet. Meinte der Bäcker das ernst? Er bestellte ihn her, weil Kekse gestohlen wurden? Aber Malte riss sich zusammen und fragte möglichst ernst: „Aha, Kekse wurden gestohlen. Waren es denn besondere Kekse?"

„Ja, französische Weihnachtskekse. Ich verkaufe sie jedes Jahr in der Adventszeit. Die Leute lieben sie", sagte Bäcker Fornaio.

„Und wie viele Kekse sind ihnen abhanden gekommen?"

„Etwa zwei Schachteln voll. Wissen Sie, ich hätte Sie ja gar nicht angerufen, wenn..."

„Wenn?"

„Die Kekse sollten ein Weihnachtsgeschenk für meine Tochter Luisa sein. Ich schenke ihr jedes Jahr welche und sie liebt sie. Wissen Sie, das sind ihre „Gute-Laune-Plätzchen". Und dieses Jahr ist sie sehr traurig. Unser Hund Bello ist krank und das an Weihnachten! Erst war es nur eine leichte Erkältung, aber seit gestern hat sich sein Zustand wirklich verschlechtert. Doch diese Weihnachtskekse haben irgendetwas an sich, das sie aufheitert. Aber jetzt sind sie verschwunden und ich weiß nicht, von wo ich noch welche bis heute Abend herbekommen soll. Aber wenn ich ihr keine schenken kann... Luisa wäre so furchtbar traurig. Und ich finde, keiner sollte an Weihnachten traurig sein. Weihnachten ist doch das Fest der Liebe und der Freude!"

Malte überlegte kurz, ob er Bäcker Fornaio sagen sollte, dass es schlimmere Verbrechen gab als den Diebstahl von zwei Keksschachteln, aber da Malte eh nichts anderes zu tun hatte und der Bäcker wirklich verzweifelt schien, willigte er ein, den Dieb zu suchen.

„Also, es war so: Gestern Abend habe ich die Bäckerei abgeschlossen und da waren die Kekse ganz sicher noch da. Am nächsten Tag allerdings waren sie verschwunden", erzählte der Bäcker.

„Die Bäckerei war also sicher abgeschlossen und das Schloss ist unversehrt? Schwierig, schwierig… Gibt es irgendwelche Verdächtigen? Irgendwelche Leute, die ein, äh…, Motiv haben, Ihnen die Keksschachteln zu stehlen und Zugang zu der Bäckerei hatten?", fragte der Detektiv.

„Einen Zweitschlüssel hat eigentlich nur meine Tochter. Aber sie lag die ganze Nacht in ihrem Bett und schlief tief und fest. Gerade ist sie mit Bello beim Tierarzt. Sie wird bald zurückkehren."

„Wenn Sie das meinen. Darf ich mir den Tatort anschauen?", fragte Malte.

Bäcker Fornaio brachte ihn zu den Resten zweier, mit Weihnachtssternen bedruckten Keksschachteln, die zerfetzt am Boden lagen. Offenbar waren sie mit viel Kraft zerrissen worden. Der Detektiv kniete sich hin und untersuchte die Überreste. An einem der Fetzen entdeckte Malte di Scoperta etwas sehr Interessantes.

„Bissspuren", stellte er verwundert fest. „Und alles ist voller Sabber."

Der Bäcker war geschockt: „Welcher Mensch hat solch riesige Zähne?" Sehr mysteriös. Malte kniff die Augen zusammen. Diese riesigen Bissabdrücke gehörten ganz gewiss nicht zu einem Menschen. Und woher kam der ganze Sabber? Doch plötzlich fügten sich die Puzzleteile zusammen.

Malte sagte: „Ich denke, es war…"

Doch in diesem Moment ging die Tür der Bäckerei auf und ein vielleicht achtjähriges Mädchen kam herein, ein großes, zotteliges, kränklich aussehendes Ungetüm von einem Hund hinter sich herschleppend.

„Papa?", rief Luisa. „Ich bin wieder zuhause! Der Tierarzt hat gesagt, Bello hat sich zusätzlich zu der Erkältung noch den Magen verdorben. Aber keine Sorge, er wird wieder ganz gesund, sagt der Arzt. Bello hat einfach zu viele…"

Sie verstummte, als sie Malte Di Scoperta bemerkte. „Lass mich raten, Bello hat einfach zu viele Kekse gegessen? Du hast die Kekse genommen!", sagte der Detektiv.

Luisa starrte ihn mit offenem Mund an und begann zu schluchzen. „Bitte, Papa, sei nicht böse!" Bäcker Fornaio war sprachlos. „Du warst das? Warum…?" Luisa weinte noch ein wenig lauter. „Bello ging es so schlecht und du sagst doch immer, diese Weihnachtskekse bewirken Wunder! Ich wollte, dass Bello das Weihnachtsfest gesund mitfeiern kann! Dann habe ich mich zusammen mit Bello in die Bäckerei geschlichen. Ich wollte ihm nur ein, zwei Stück geben, ehrlich! Aber er hat sich auf die Packungen gestürzt und ich konnte ihn nicht zurückhalten. Dann hat er Bauchschmerzen bekommen von den vielen Plätzchen und ich hatte so Angst, du würdest böse auf mich sein! Es tut mir so leid!"

Der Bäcker schloss seine Tochter in die Arme. „Ach, Luisa. Ich weiß, du meintest es ja nicht böse. Ich bin nicht wütend." Luisa hörte auf zu weinen. „Wirklich nicht?" Der Bäcker schüttelte den Kopf und Luisas Gesicht hellte sich auf.

„Dann müssen wir jetzt Weihnachten feiern! Wir müssen noch den Weihnachtsbaum schmücken!"

Da wurde Malte sehr traurig, als er die Familie sah. Mit ihm würde heute keiner Weihnachten feiern. Er würde alleine in seinem Büro sitzen und den anderen Familien durchs Fenster zusehen, wie sie zusammen köstliches Essen verspeisten, zusammen lachten, sangen und Geschenke auspackten. „Ich… werde dann mal gehen. Zur Arbeit. Ich muss noch viel… arbeiten. Frohe Weihnachten."

Dann wandte er sich zur Tür und wollte gerade gehen, als der Bäcker ihn zurückhielt. „Sie wollen arbeiten? An Weihnachten? Am Heiligen Abend sollte niemand arbeiten, sondern zusammen mit der Familie feiern! Haben Sie denn niemanden, mit dem Sie feiern können?"

Malte schüttelte traurig den Kopf. „Aber das ist schon in Ordnung. Ich feiere einfach… allein. So wie ich es immer getan habe."

Bäcker Fornaio lachte: „Das kommt doch gar nicht in Frage! Wir haben genug Plätzchen für alle! Feiern Sie doch mit uns!"

Malte konnte es gar nicht glauben. „Meinen sie das ernst?"

„Aber natürlich! Bleiben sie den Heiligen Abend über bei uns!"

Malte lächelte. Er freute sich wahnsinnig, Weihnachten nicht alleine, sondern mit freundlichen Menschen verbringen zu können. Er warf einen Blick nach draußen. Es war dunkel geworden. Die Sterne leuchteten hell am Himmel und irgendwo sang ein Chor „Stille Nacht, heilige Nacht".

In diesem Moment fing es an zu schneien und winzige Schneekristalle ließen den Boden wie gepudert aussehen.

„Frohe Weihnachten, Bello!", sagte Luisa und kuschelte sich in sein zotteliges Fell.

Bello bellte zustimmend, als wüsste er, dass heute Weihnachten war, der schönste Tag des Jahres.

Julia Rieger

„Gloria" an Heiligabend

In unserem Städtchen ist es ein alter Brauch, sich am späten Nachmittag des 24. Dezember, wenn es schon fast ganz dunkel ist, am Friedhof beim Grab der Verwandten zu versammeln. Wie jedes Jahr machte sich meine Familie, also Mama, Papa, meine dreijährige Schwester Gloria und ich auf, um rechtzeitig um vier Uhr am Friedhof Weihnachtslieder zu singen. Da ertönte die liebliche Kleinkinderstimme der blondgelockten Gloria, als wir die halbe Strecke zu Fuß gelaufen waren: „Teddy ist noch daheim. Wir müssen Teddy holen." Da Gloria darauf bestand, dass die ganze Familie mitkommen sollte, um ihr geliebtes Kuscheltier zu holen, kamen wir viel zu spät auf den Friedhof, weil Gloria eben nirgendwo ohne Teddy hingehen konnte.

Als wir schließlich um halb fünf dort anlangten, schallten uns vielstimmiger Gesang und Trompetenklänge entgegen. Die dunklen Gräber waren von schönen Kerzen und Laternen geschmückt und ließen den Schnee glitzern. Der Geruch von Punsch in den Thermoskannen erfüllte die Luft mit einem leichten Zimtduft. Es war weihnachtlich und wunderschön. Die Vorfreude auf Heiligabend war mit Händen zu greifen. Papa nahm mich an die Hand und Mama hob Gloria hoch. Wir schlichen leise durch die Gräberreihen mit den singenden Leuten. Als wir endlich beim Grab meiner verstorbenen Oma Edeltraud ankamen, sang ich laut mit. Gloria stapfte gelangweilt umher und grub mit ihren kleinen Füßen Löcher in den Schnee - bis zum Kies.

Darüber amüsierten sich drei alte Damen sehr, die beim Grab neben uns standen. Sie kicherten über meinen lauten Gesang. Sie gackerten über die lange Nase des vorderen Trompetenspielers. Sie prusteten wegen Mamas komischer Mütze. Die Alten waren laut und übertrafen sich gegenseitig beim Lästern, Lachen und Blödsein.

Genervt flüsterte Mama mir ins Ohr: „So eine Unverschämtheit! Die sollten mal aufpassen und gescheit mitsingen." Ich gab ihr mit einem stummen Nicken recht. So sehr wie diese nervigen Frauen hatte ich mich ja noch nie aufgeführt. Noch nicht mal Gloria war je so frech gewesen. Die trabte gerade brav um das Grab unserer Oma und zog immer größere Kreise. Als der Pfarrer mit der Predigt begann, merkte ich, dass ich meine kleine, sieben Jahre jüngere Schwester weder neben Mama, Papa oder mir noch im Umkreis von Omas Grab sehen konnte.

„Mama", zische ich ängstlich, „wo ist Gloria?"

Mama dreht sich in alle Richtungen. „Oh nein! Man kann dieses Mädel aber auch keine fünf Sekunden aus den Augen lassen!", raunt sie zurück.

Papa, Mama und ich zischelten: „Gloria! Gloria!", und zwar extra leise, um die Friedhofsbesucher nicht zu stören, während diese andächtig der langatmigen Predigt von Pfarrer Bleitz lauschten. Immer und immer wieder flüsterten wir Glorias Namen. Sie konnte doch nicht so weit sein! Die nervigen drei Alten hörten, dass wir "Gloria" riefen. Alle drei feixten, dann zwitscherte eine gut hörbar: „Gloria!" Die Zweite sang leise: „Gloria!" und die Dritte trällerte laut: „Gloriaaaa!"

Mama, Papa und ich waren sehr nervös. „Psst!", rief ich erst besorgt und entrüstet. Doch einige andere in unserer Nähe lachten und sangen erst leiser und dann immer lauter: „Gloria! In Excelcis Deo!" Und sie steckten die anderen Leute damit an. Der ganze Friedhof sang schließlich das Jubellied und auch der Pfarrer hörte auf zu predigen und stimmte in den Jubel mit ein.

Auf einmal kam die eine von den drei Lästerfrauen herüber gerannt, Gloria im Schlepptau. „Ist das nicht Ihre Tochter, die Sie da suchen?", fragte sie.

Überglücklich schlossen wir Gloria in die Arme. „Wir haben uns große Sorgen gemacht", gestand Mama. „Danke, dass Sie unsere Tochter gefunden haben!"

„Alle mich gerufen", erzählte Gloria begeistert von ihrem Ausflug und grinste.

Es wurde dann der beste Heiligabend meines bisherigen Lebens, zusammen mit allen Menschen sangen wir noch „Stille Nacht". Die „nervigen" Frauen entpuppten sich als sehr nett und lustig. Mama redete noch lange mit ihnen.

Daheim sangen wir und aßen Plätzchen. Und die Geschenke? Ja, die waren auch sehr schön. Aber diesen Heiligabend zählte bei uns nicht die Anzahl der Geschenke, sondern dass wir glücklich beisammen sein konnten.

Clara Schneider

Am 24. Dezember
(Für meinen Cousin Maxi, geboren am 24.12.2017)

Feierliche, ruhige, heilige Nacht,
eine festliche Stimmung
in der leichten Dämmerung
ist erwacht.

Viele Geschenke liegen unterm Weihnachtsbaum
und das was fehlt, das sehen wir im Nu,
das was fehlt, das bist nämlich du
in diesem Raum.

In diesem Raum,
bist du das Geschenk mit dem „höchsten" Wert,
das deine Eltern heute bekamen beschert
und das nicht nur im Traum.

Geburtstag an Weihnachten zu haben,
ist vielleicht nicht zu beneiden,
du wirst aber darunter auch nicht leiden,
das kann ich Dir wahrhaftig sagen.

Dieses Jahr bekamst du noch keine Geschenke,
dafür ab jetzt, wenn wir Weihnachten begehen,
wirst du den doppelten Berg an Geschenken sehen,
so wie ich es mir denke.

Und wenn der 24. Dezember wieder kommt,
es draußen wird weiß und kälter
und du wirst ein Jahr älter,
so ist die Doppelfeier gebongt.

Du als Weihnachtsgeschenk, das ist wahr,
egal wer die Geschenke bringt,
ob Weihnachtsmann oder Christkind,
du bist und bleibst für deine Eltern immer wunderbar!

Annika Herrlich

Die Stimme in dir

Der Morgen graute, Bernie war wie immer schon unterwegs, lange bevor die Menschenmassen sich auf die Straßen drängten. Er befand sich an der Bushaltestelle, und da war sie, seine Mülltonne, die er so sehr liebte. Was er darin nicht schon alles gefunden hatte. Angebissene Äpfel, angefaulte Tomaten, verschimmelter Käse, belegte Brötchen oder was davon noch übrig war.

Fleischpflanzerl mit Kartoffelsalat, gemischt mit Gurken. Seine Frau konnte diese lecker zubereiten, als sie noch zusammen waren. All diese Erinnerungen kamen Bernie in den Sinn, als er in der Mülltonne nach etwas Essbarem suchte. Dabei kullerten Tränen über sein Gesicht. Oh, eine Wurstsemmel. Heute meinte der liebe Gott es wieder gut mit ihm.

Doch langsam kam Verkehr auf, Menschen strömten an ihm vorbei. Mitleidige, abwertende Blicke trafen ihn, manchmal auch böse Worte.

„Faules Pack", gab ein vorbeifahrender Zeitungsausträger von sich. Doch diese verletzenden Worte trafen ihn schon lange nicht mehr. Was wussten diese Menschen schon von ihm. Nichts! Er war immer fleißig und ehrlich gewesen, hatte gearbeitet von früh bis spät. Doch dann kam dieser verhängnisvolle Tag, der sein Leben für immer verändern sollte. Danach war nichts mehr wie vorher. Sie waren mit dem Auto unterwegs. Und dann kam er, dieser Wahnsinnige, der mit seinem LKW aus einer Nebenstraße heraus einfach gerade aus auf die Hauptstraße donnerte. Nur leider waren sie im Weg. Und da konnte auch kein Notarzt mehr helfen. Keiner außer ihm, wenn auch schwer verletzt, überlebte. Leider, kam es in ihm hoch. Er verlor auf einen Schlag seine Familie und später auch seinen Job.

„Hallo", sagte eine freundliche Stimme. „Hallo Marie, ich habe dich gar nicht kommen hören." „Du schienst auch ganz weit weg gewesen zu sein", sagte sie lachend. Sie war ein echter Sonnenschein. Sie schien seinem Leben wieder einen Sinn zu verleihen. Vor ein paar Monaten hatte er sie kennen gelernt. Das hier war ihre Bushaltestelle. Am Anfang hatte er sie gar nicht richtig wahrgenommen. Doch sie drängte sich ihm auf und quälte ihn immer wieder mit irgendwelchen Fragen. Aber irgendwann war das Eis geschmolzen. Er erlag ihrem strahlenden Lächeln und dem Glanz ihrer Augen. Am schönsten war es, wenn sie ihn zum Abschied fest umarmte. Welch unvergessliche Momente. Sie unterhielten sich noch ein wenig und dann stieg sie, wie gewohnt, in ihren Bus.

Marie überlegte, wie sie ihm eine Freude bereiten konnte. Sie führte oft Selbstgespräche, sie unterhielt sich nämlich mit ihrem unbekannten Freund. Dieser hatte immer eine Antwort auf all ihre Fragen parat. Oma sagte immer, sie unterhält sich mit ihrem Engel. „Was meinst du Engel, wie könnten wir Bernie zu Weihnachten eine Freude bereiten?" Ihre Augen weiteten sich und wurden immer größer und größer. „Du meinst, das kriegen wir hin? Mal schauen, ob Mama und Papa damit einverstanden sind, wenn Bernie mit uns Weinachten feiert." Ihr Engel sitzt tief in ihrem Herzen, das wusste sie genau, doch Bernie hatte sein Herz verloren, deswegen konnte er seinen Engel nicht mehr sehen und hören. Und das musste sie ändern.

Marie konnte ihre Eltern von ihrer Idee überzeugen. Weihnachten feierten sie gemeinsam und Bernie erzählte seine Geschichte. Leise fragte Marie ihren Engel: „Ob Bernie wohl noch jemals eine neue Chance bekommt?" „Sag Bernie, er soll im Pflegeheim anrufen. Die suchen jemanden, der alten Menschen Geschichten erzählt." Und welch ein Wunder, er bekam diesen Job. Seitdem blickt Bernie immer tief in sein Herz, und hört auf seinen Engel, wenn dieser ihm etwas zu sagen hat.

Julia Volpert

Weihnachtszeit

Monat für Monat geht vorbei,
mit großen Schritten eilt der Dezember herbei.
Alle warten auf den ersten Schnee,
ach wär das schee….

Fröhlich basteln wir die Sterne
und Weihnachten ist nicht mehr in der Ferne.
Plätzchenduft im ganzen Haus,
und schon ist da der Nikolaus!
Der Schnee ist da, ein Wintertraum,
gleich wird geholt der Weihnachtsbaum.
Jetzt ist er da, der große Tag,
ganz so, wie ich ihn mag.

Überall brennen die Kerzen,
die ganze Familie freut sich von Herzen.
Wir sitzen in der Kirche auf den Bänken,
gedanklich schon bei den Geschenken.

Wir essen, trinken, lachen,
bestaunen unsere neuen Sachen.
Wir sitzen noch lange bis in die Nacht,
der 24. Dezember ist vollbracht.

Romeo Bauer

Weihnachten - Der glücklichste Tag im Jahr?

Weihnachten. Der schönste Tag im Jahr. Familie, Freunde und Geschenke. Doch was befindet sich außerhalb unserer festlichen vier Wände? Begeben wir uns doch einmal auf die verschneiten Straßen. Nicht die feinen. Sondern weit von der Hauptstraße entfernt. Kleine Gassen, in denen kaum weihnachtliche Stimmung aufkommt. Dort ist es ein Wintertag wie jeder andere. Unter einer schiefen Straßenlaterne sitzt Jim. Er ist ein Bettler, der unbedingt Geld braucht. Ja, er ist schon erwachsen und nein, er hat keine Kinder oder allgemein Familie. Schon seit Stunden sitzt er hier in der Kälte und bittet die vorbeigehenden Passanten um Geld. Er hat Zeit. Von weitem kann er die Kirchglocken läuten und den Chor singen hören. Ob es ihn bekümmert? Ich denke nicht. Er kennt es auch nicht anders. Nach einer halben Ewigkeit kommt ein Mann die Gasse entlang geeilt. Er würdigt Jim keines Blickes und geht schnurstracks weiter. Schaut euch den lieben Jim noch einmal an, wir werden ihn jetzt hinter uns lassen und dem anderen Mann folgen. Sein Name ist Bob und er befindet sich im Alter von 38 Jahren. Zuhause erwarten ihn seine Frau und sein Sohn und ein kleiner, aber festlich geschmückter Tisch. Bob arbeitet hart und viel und mit unzähligen Überstunden. Trotzdem fressen ihm die Steuern die Haare vom Kopf und er kann sich für sich und seine Familie nur eine kleine Wohnung am Stadtrand leisten. Dennoch ist er glücklich und genießt jede freie Minute mit seiner Familie in vollen Zügen. Zuhause wird er in ein dunkles Wohnzimmer treten, erhellt durch ein paar Kerzen auf dem Esstisch und auf dem Christbaum, der im Sonderangebot war und der mit billigen Christbaumkugeln aus dem Supermarkt geschmückt ist. Aber seine Familie heißt ihn mit leuchtenden Augen willkommen und sie werden einen wunderbaren Abend haben. Bob eilt über eine Straße und gerät prompt, wegen seiner Träumerei, vor einen fahrenden Bus. Glücklicherweise kann der

Busfahrer noch rechtzeitig bremsen und Bob taumelt davon. Auf Wiedersehen, Bob.

Am anderen Ende der Stadt schaut eine Frau niedergeschlagen aus dem Fenster. Sie wohnt im reichsten Viertel der riesengroßen Stadt. Sie stellt sich vor, wie die Schneeflocken langsam zu Boden fallen, tänzelnd durch die Luft schweben. Ja, sie stellt es sich vor. Melancholischer Ausdruck in nichts sehenden Augen. Ob sie weiß, dass heute Weihnachten ist? Ihr Mann ist nicht zuhause. Nichts Ungewöhnliches, schließlich arbeitet er doch immer so viel in seiner Firma. Er ist erfolgreicher Firmenchef und sie eine reiche Erbin. In Sachen Geld passen sie wirtschaftlich perfekt zueinander. Aber das viele Geld steht in gewisser Hinsicht auch zwischen ihnen. Sie fragt sich, ob er das auch gemerkt hat. Ich kann euch sagen, das hat er nicht. Das Geld macht die Menschen herzlos, eingebildet, egoistisch und blind. Ihr Mann schmeißt im selben Moment eine riesige Party im besten Hause der Stadt. Und dem teuersten. Hunderte von Gästen mit gefüllten Portemonnaies und herrlichen Abendroben. Die Frauen tragen herrliche Kleider und die Männer teure Anzüge. Die Party ist ein Riesenerfolg und wird bis tief in die Nacht gehen. Später wird der Ehemann an einer jüngeren und schöneren Frau seine Männlichkeit auslassen und keinen Gedanken an seine Ehefrau verschwenden. Sie schläft auf der kühlen Fensterbank ein. Mit starrem Blick auf die verschneite Stadt, die so tief unter ihr liegt. Wie ein Königreich liegt sie ihr zu Füßen. Sie ist nicht verzweifelt und auch nicht traurig. Diese Phasen hat sie hinter sich. Auch nicht hoffnungsvoll. Nur müde. Müde vom Leben und der Welt. Und so schläft sie ein. Gefühlskalt am glücklichsten Tag des Jahres.

Isabelle Mamikonian

Weihnachtskarambolage

Fred, aufstehen! Es ist Weihnachten!", rief Georg seinem Zwillingsbruder zu. „Warum lässt du mich an so einem Tag nicht ausschlafen?", fragte Fred, der soeben erwacht war.

„Na ja, beschweren solltest du dich auch wieder nicht, wenn ich dich daran hindere, so einen Tag zu verschlafen. Lass uns lieber frühstücken", entgegnete er. Schnell liefen sie aus ihrem unaufgeräumten Zimmer über die leicht knarzende Treppe in die Küche, wo sie von ihrer Mutter empfangen wurden.

„Na ihr zwei, auch schon wach? Was wollt ihr denn zum Essen haben?", fragte Frau Müller.

„Zwei Eier-Toasts wären nett, Mam", antworteten sie.

„Esst schnell auf, wir fahren zum Einkaufen. Wir brauchen noch Sachen für die Feiertage", sagte ihre Mutter, als der Toast fertig war. „Ok", sagten beide mit vollem Mund. Minuten später saßen sie im Wagen, einem alten Fiat.

Plötzlich kam Herr Müller aus der Garage. Er rief: „Könnt Ihr mich mitnehmen? Wir brauchen noch ein paar Christbaumkugeln. Einige alte sind kaputt gegangen, als ich sie aufhängen wollte."

„Schnell, steig ein, dann fahren wir los", meinte Frau Müller. Als sie wenig später am Supermarkt ankamen, fanden sie kaum einen Parkplatz. „Der Wahnsinn, wie viele Leute an Weihnachten einkaufen. So schnell kaufen wir an diesem Tag nicht mehr ein", bemerkte sie. Schließlich fanden sie einen Parkplatz zwischen einem roten Ford und einem blauen Porsche. Nachdem sie eingeparkt hatten, gingen sie in den Supermarkt. „Dad und ich holen das Essen und ihr beide sucht ein paar schöne Christbaumkugeln aus", entschied Frau Müller.

Dagegen hatte niemand etwas einzuwenden. Fred und Georg bahnten sich einen Weg durch Gemüse, Obst und andere gute Sachen, bis sie endlich vor den Kugeln standen. „Wie wäre es denn mit dieser blauen Kugel, auf denen der Weihnachtsmann Kekse isst?", schlug Fred vor.

„Ich weiß nicht. Die kostet 17 €. Lass uns lieber das Paket dort nehmen. Da sind 20 schöne Kugeln drin und es kostet genauso viel", erwiderte Georg skeptisch. „Oh, da kommen ja schon Mam und Dad, lassen wir sie entscheiden", sagte Fred.

„Na, was habt ihr ausgesucht?", fragte Frau Müller mit zwei schweren Einkaufstüten bepackt. „Wir sind uns noch nicht einig, ob wir das Paket oder diese einzelne Kugel nehmen sollen. Beides kostet 17 €", erklärte Fred. „Wie wäre es, wenn wir beides kaufen. Dann sind alle zufrieden", meldete sich Herr Müller, nicht weniger bepackt als seine Frau.

Zufrieden gingen alle zur Kasse und Herr Müller bezahlte den Einkauf. Auf dem Weg nach Hause sagte Herr Müller: „Kinder, Mam und ich müssen noch Oma und Opa vom Flughafen abholen! Könnt ihr in der Zwischenzeit den Baum und den Tisch schmücken?" „Aber gerne doch", sagten die Zwillinge im Chor.

Zu Hause verabschiedeten sich Herr und Frau Müller von ihren Kindern und ermahnten sie, ja nichts anzustellen.

Als sie eine Weile den Baum dekoriert hatten, hörten Sie ein lautes KAWUMM!

„Hilfe! Was war das?", rief Fred, der gerade dabei war, eine Kugel aufzuhängen. Diese zerschellte nun aber vor Schreck auf dem Boden. „Schnell, lass uns draußen nachsehen, was los ist!", sagte Georg. Nun liefen beide zur Tür, stießen sie auf und rannten ins Freie. Erst jetzt bemerkten sie, wie kalt es war und wie dünn sie angezogen waren. Schnell fanden sie, was den Krach verursacht hatte.

Auf dem Dach standen etwa acht Rentiere und ein Schlitten, in dem ein älterer Mann saß. Sein Gesicht konnte man nicht erkennen, da es in einem Airbag steckte.

„Hä, ist das etwa der Weihnachtsmann?", rief Fred überrascht. „Scheint so. Am besten bringen wir ihn ins Haus. Er muss ja frieren", meinte Georg. Als sie es endlich geschafft hatten, den ohnmächtigen Weihnachtsmann im Haus aufs Sofa zu legen, überlegten sie, wie er auf ihr Dach gekommen war.

Fred sagte: „Vielleicht haben seine Wichtel rebelliert und er konnte nicht mehr am Nordpol leben. Deshalb wollte er sich bei uns niederlassen, aber er ist abgestürzt, weil er...?"

„... weil er in einen Schneesturm geraten ist!", beendete plötzlich der Weihnachtsmann den Satz. „Übrigens, meine Freunde, die Wichtel, denken nicht im Traum daran zu rebellieren. Ich bin hier, weil ich meinen neuen Schlitten testen wollte. Ich muss auch gleich wieder zurück zum Nordpol!", ergänzte er.

„Ach so ist das also", sagte Georg. „Na dann, bringen wir dich schnell zurück zum Nordpol", bemerkte Fred.

Wenig später standen sie vor dem etwas demolierten Schlitten im Garten. „Hoffentlich merken die Nachbarn nichts", stöhnte Fred. „Zum Glück sind die ja im Urlaub", ergänzte Georg.

„Moment", sagte der Weihnachtsmann, „da fehlen doch Blitz und Donner, zwei meiner Rentiere. Und der Schlitten muss repariert werden."

„Wir können doch nach den Rentieren suchen und du reparierst den Schlitten", schlug Georg vor. „Stimmt Kinder! So wird es gemacht! Habt ihr Werkzeug da?", fragte der Weihnachtsmann. „Ja, in der Garage, in der großen blauen Kiste", antwortete Fred.

„Jetzt komm aber, Fred, ich habe Spuren entdeckt", rief Georg. „Super, dann mal los", gab Fred zurück.

Sie folgten den Spuren bis zur Innenstadt. „Wow, der Weihnachtsmarkt ist aber voll", stöhnte Georg. „Und wie gut es hier nach Glühwein und Keksen riecht", ergänzte Fred. „Leider haben wir keine Zeit, uns etwas zu essen zu kaufen und zu essen", meinte Fred. „Stimmt! Suchen wir lieber weiter nach den Rentieren. Am besten fangen wir auf dem Markt an", schlug Georg vor.

Schnell gingen sie auf den Weihnachtsmarkt, durchsuchten die Krippe und viele Dekorationen, auf denen der Weihnachtsmann jubelnd im Schlitten saß und von zehn Rentieren gezogen wurde. Sogar die Karusselle, die hier standen, nahmen sie in Augenschein. Nach einer halben Stunde standen sie erschöpft an einen riesigen Weihnachtsbaum gelehnt auf dem Marktplatz. „Am besten versuchen wir es jetzt in den Geschäften", sagte Fred. Schnell liefen sie in einen der unzählbar vielen, bunt geschmückten Läden. Das erste Geschäft war ein 1-Euro-Laden, in dem es jede Menge Krimskrams, Süßigkeiten und andere Sachen gab. Da beide durstig waren, kaufen sie zwei Wasserflaschen für zwei Euro. Nach dieser Stärkung gingen sie in den nahegelegenen, mit Bäumen gesäumten Stadtpark.

„Blitz! Donner! Wo seid ihr?", riefen sie im Chor, während sie durch den Park gingen. Doch sie entdeckten nirgendwo Spuren von den Tieren.

Wenig später fing es zu regnen an und sie mussten sich unterstellen. Plötzlich klingelte Freds Handy.

„Oh, nein! Mam und Dad rufen an!", meinte Fred. Er nahm den Anruf an. Schon hörte er die Stimme seiner Mutter sagen: „Hi, ihr beiden. Wir sind in circa einer Stunde wieder zu Hause, biep, biep…".

„Georg, wir sollten lieber schnell nach Hause gehen, bevor wir noch Ärger bekommen", mahnte Fred.

Georg nickte zustimmend. „Aber zuvor sollten wir noch für den Weihnachtsmann und seine anderen Rentiere ein paar Kekse als Entschädigung kaufen", sagte Georg. Da gingen sie zu einem der vielen Stände und kauften ein paar Kekse. Anschließend liefen sie nach Hause.

Vor der Tür jedoch erwartete Sie ein strahlender Weihnachtsmann. Er sagte: „Ich danke Euch von ganzem Herzen!" Verdutzt starrten die beiden ihn an. Sie sagten: „Aber Weihnachtsmann, wir haben deine Rentiere nicht gefunden." „Ich weiß, aber meine Rentiere sind zu mir zurückgekommen. Ich danke Euch dafür, dass ich euer Werkzeug benutzen konnte und dass ihr euch solche Mühe gemacht habt", sagte der Weihnachtsmann strahlend und präsentierte ihnen Blitz und Donner.

„Ach so, dann haben wir uns ja ganz umsonst Sorgen gemacht", sagte Georg. „Übrigens haben meine Elfen und ich alles für das Fest vorbereitet", ergänzte der Weihnachtsmann. „Cool", riefen Georg und Fred im Chor. „Moment, Weihnachtsmann, da kommt das Auto unserer Eltern. Am besten steigst du in den Schlitten und fliegst schon mal los", sagte Fred.

„Gut, dann ein schönes Fest! Ho, ho, ho!", rief der Weihnachtsmann, als er davonflog.

„Fred, am besten sagen wir unseren Eltern nichts. Sie würden es sowieso nicht glauben", sagte Georg. „Einverstanden, Bruderherz", entgegnete Fred.

Da kamen auch schon ihre Eltern und Großeltern auf sie zu und sie gingen in das Haus, das prächtig geschmückt war. Zusätzlich standen ein Truthahn und andere Köstlichkeiten auf dem Tisch.

„Aber das wäre doch nicht nötig gewesen", riefen die Eltern überrascht.

„Naja, wir tun alles für ein schönes Fest", riefen die Zwillinge im Chor und grinsten.

Maximilian Sigl

Unterm Weihnachtsbaum

Anna schielt schon auf die Gaben:
„Ich will das größte Päckchen haben."
Doch ihr Name steht nicht drauf.
Peter reißt es ganz schnell auf.
Sein Blick verdunkelt sich sofort:
„Es ist doch kein Longboard."
Ein Lernquiz für die Schule ist's,
auch noch auf Englisch, so ein Mist.
Anna lacht nur schadenfroh,
aber ihr geht's ebenso.
Starr sieht sie vor Schock
einen gelben Spongebob-Rock!

Milla Teuscher

Zeichnung von Jacqueline Hitér

Der Geschenkedieb

Es war der 24. Dezember. In der Geschenkefabrik herrschte reges Treiben. Die letzten und zugleich wichtigsten Vorbereitungen mussten noch getroffen werden. Alle Elfen und Kobolde hatten noch viel zu tun. In der Himmelsbäckerei bei den Elfen wurden noch die letzten Christstollen gerollt und die Weihnachtsplätzchen gerecht in Tüten verteilt. In der Schreinerei waren die Kobolde indessen emsig am Werk, um noch die letzten Hampelmänner und Eisenbahnen fertig zu stellen.

Tief unter einer alten Eiche hauste in einer dunklen Höhle ein böser Elf. Er hasste Weihnachten, weil er es nicht ausstehen konnte, wenn andere glücklich waren. „Ich werde Weihnachten vernichten und den Schlüssel der Geschenkemaschine stehlen!", rief er erbost.

Es würde nur noch wenige Stunden dauern, bis der Weihnachtsmann in den Schlitten steigen und die Geschenke verteilen würde. Während die Elfen und Kobolde die Rentiere sattelten und vor den Schlitten spannten, machte sich der böse Elf auf den Weg zur Fabrik. Der Einbrecher schlich in das Gebäude und versteckte sich hinter einem großen Geschenkehaufen. Fast wäre er über ein Paket, welches ihm im Weg lag, gestolpert! Nach einer Weile kam er bei der Maschine an.

Plötzlich hörte er Schritte auf sich zukommen! Er lauschte. Wer es war, wusste er nicht. Schnell suchte er hinter der Maschine Schutz. Jedoch kamen die Schritte immer näher. Schon griff er nach dem Schlüssel. Da stand der Weihnachtsmann auf einmal hinter ihm.

„Wer bist du und was willst du mit diesem Schlüssel?", fragte er.

Ganz verschreckt kauerte sich der Elf in eine Ecke. Er stotterte: „I, i, ich…" Mehr konnte er nicht sagen.

„Warum klaust du den Schlüssel der Maschine?", rief der Weihnachtsmann ärgerlich.

Der Elf sagte weinerlich: „Ich wollte Weihnachten vernichten! Alle Familien haben Weihnachten zusammengefeiert, nur ich war immer allein!"

„Das tut mir aber leid", sagte der Weihnachtsmann mitfühlend. „Wie wäre es, wenn du als Entschuldigung dieses Jahr auf meinem Schlitten mitfahren und die Geschenke verteilen darfst?", schlug der Weihnachtsmann vor.

„Juhuuuuu! Das war schon immer mein Traum!", jubelte der böse Elf, der eigentlich gar nicht mehr böse war. So geschah es, dass die Kinder in diesem Jahr nicht nur Geschenke, sondern auch kleine Säckchen aus Samt mit Nüssen und Rosinen unter dem Weihnachtsbaum fanden – denn die hatte ihnen der Elf noch schnell alleine zusammengepackt.

Annika Heine, Plume Bousquet

Gegen Regeln verstoßen, bringt manchmal Glück!

Bens Eltern Susanne und Thomas Müller gehörte ein kleiner Laden, in dem selbst angebautes Obst und Gemüse verkauft wurde. Ben half heute nicht im Laden, sondern verbrachte am 24. Dezember den ganzen Tag im Dorf auf der Suche nach einem Geschenk für seine Eltern. Alles war so teuer und er konnte sich nichts leisten.

Als die Glocke 20 Uhr schlug, machte sich Ben traurig auf den Heimweg. Da es schon so spät war, nahm er die Abkürzung durch den Park, obwohl er alleine in der Nacht dort nicht hin durfte. Plötzlich blieb Ben stehen.

„Da funkelt doch etwas neben dem großen Tannenbaum" rief er. Der Junge konnte sein Glück nicht glauben. Er fand eine goldene Münze!

„Jetzt kann ich für Mama und Papa doch was Schönes kaufen", freute sich Ben. Doch im nächsten Moment wurde ihm klar, dass kein Laden mehr offen hatte.

Zu Hause angekommen begrüßte ihn seine Mutter und ermahnte ihn, nicht ins Wohnzimmer zu gehen bis zum nächsten Tag. Ben versprach es und ging anschließend in sein Zimmer.

In der Nacht erwachte Ben - hatte er nicht irgendein Geräusch gehört? „Bestimmt war es nur der Wind." Er schaute auf die Uhr, es war 23:59 Uhr. Doch dann, nochmal, ganz deutlich ein Poltern, es kam aus dem Wohnzimmer. Der Junge schlich leise die Treppe hinunter. Er schaute vorsichtig durch das Schlüsselloch.

Hinter dem Tannenbaum leuchtete etwas Kleines. „Ich darf nicht rein, ich habe es versprochen!"

Als Ben sich umdrehte, hörte er ein leises Schluchzten. Jetzt vergas er sein Versprechen und öffnete die Tür. Da sah er es!

Der Junge flüsterte: „Christkind, warum weinst du? Kann ich dir helfen?"

Eine leise, feine Stimme antwortete schluchzend: „Ich bin Christkind Goldhaar, ich soll euch Geschenke unter den Baum stellen, aber ich habe den Wunschzettel verloren."

Ben ging vorsichtig auf Goldhaar zu, flüsterte ihr etwas ins Ohr und gab ihr die goldene Münze. Die Gestalt nickte und freute sich so sehr, dass sie anfing zu tanzen.

Am nächsten Morgen ging Susanne zusammen mit Thomas und Ihrem Sohn ins Wohnzimmer.

Beide Eltern waren sprachlos! Was war geschehen?

Mitten im Raum strahlte der Weihnachtsbaum voller Goldhaare. Auf dem kleinen Tisch lagen herrlich duftende Plätzchen und eine Papierkrippe schmückte den Boden.

„Mama, was ist los mit Dir? Du weinst ja!", fragte Ben.

„Ich weine voll Glück. Frohe Weihnachten, mein Sohn."

„Frohe Weihnachten", lächelte Ben und dachte sich: „Gegen Regeln verstoßen bringt manchmal also doch Glück!"

Hanna Hütte

X-Mas bei einer Patchwork-Familie

Die Vorteile machen mich ganz entzückt,
wenn der Stiefvater mit den Geschenken anrückt.
Nun kommt auch der biologische Papa mit seinen Präsenten
und die arme Mutter hat viele Bedenken.

Lecker, jetzt gibt es Raclette,
fragt sich nur wer den Tisch deckt.
Die Kinder streiten mit ihren Halb-, Ganz- und Stiefgeschwistern,
dass Einzige, was man nicht hört, ist das Kaminknistern.

Nun kommen die Omas, die Stief und die Echte,
die immer so gern die einzig wahre sein möchte
welch ein Umzug,
sie schreien auf einmal "Nun ist es genug".
Alle gehorchen den Klagen
und öffnen ihre Gaben.

Die Stimmung ist bedrückt
und die Stille macht mich verrückt.
Wir machen an das Licht
und sprechen ein Gedicht.

Patchwork Familien sind
meistens maßlos
überfordert mit Ihrem Chaos
und doch an Weihnachten eine Wonne,
denn es geht auch nicht ohne.

Alexander Haeck

Fröhliche Weihnacht

Ich laufe aus den dunklen Gassen,
dieser Tag war nicht zu fassen.
Da kommt auch noch der Krampus, o nein!
Lasst ihn bloß nicht rein!

Jetzt ist Weihnacht! Hip hip hurra!
Da gibt's Geschenke, ja, ja, ja.
Und auch seltsam gefärbt der Schnee,
ach die Weihnachtszeit ist sooo scheee.

Der kalte, kalte Schnee,
der tut den Füßen sehr, sehr weh.
Diese leckeren Plätzchen, die so gut riechen,
da würde man am liebsten dahin kriechen.

David Lichtenfeld, Jan Jahnsmüller,
Art Krasniqi, Reza Nouyan

Wann ist's endlich so weit?

Hat denn das Warten kein Ende? Noch füüüünf Tage und zudem noch eine Englischschulaufgabe.
Schule, Hausaufgaben, Gitarrenunterricht, Vokabeln pauken und der übliche Weihnachtswahnsinn, bei dem man sowieso immer das Wichtigste vergisst.
Genervt und müde schlägt man sich hindurch - bis endlich die 4. Kerze brennt!
Der große Tag ist gekommen, der Schulranzen steht bestens in der letzten Ecke des Zimmers. Der Christbaum steht und langsam kehrt Ruhe und Besinnung ein. Festlich gekleidet schlendert man zur Christmette und spätestens bei dem Lied „Stille Nacht, heilige Nacht" werden die Spuren von Weihnachten sichtbar und ein Gefühl der Wärme stellt sich im Herzen ein.
Glückerfüllt zu Hause angekommen gibt's nur noch eins: Besinnung hin, Geschenke her.
Wenn's auch noch das Richtige ist, freut's umso mehr!

Luca Weinberger

As kaputte Christkindl

Bei uns is an Heiligabnd scho wieda was Lustigs passiert,
I hob bei da Krippn dotal randaliert.
As Christkindl war mega bleich,
des dua I a bissal wärmen, des werd scho gleich.
Aiso stell I's aufm Ofa,
da is dann scho gflong aa.
Etz hätts mi fast droffa,
da bin I schnoi gloffa.
Des war ganz schee eng,
PENG!
Etz is a scho hi,
Da frog I mi:
Warum imma I?

Franziska Regensburger

Das Leuchten des Christkindes

Da!", rief ich, als ich mit meiner Mutter und meinem Bruder an Heiligabend im Wald spazieren ging. Ich hoffte sehr, dass ich das Christkind sehen werde. Voller Hoffnung schaute ich überall hin. Nach links, nach rechts. „Da war was! Ein Licht! Da hinten im Busch! Vielleicht ist es ja das Christkind?", schrie ich begeistert. „Das Christkind gibt es gar nicht!", ärgerte mich mein Bruder. Wie immer! „Das weißt du doch gar nicht!", rief ich enttäuscht zurück.

„Aufhören!", unterbrach uns unsere Mutter. „Hört auf zu streiten!". Wir beide hielten inne. Nach zehn Minuten machten wir uns auf den Weg nach Hause. Es wurde mittlerweile schon dunkel. Doch was sah ich da? Schon wieder dieses Licht, welches ich davor gesehen habe. Doch dieses Mal im hohen Gras. Ich schaute zu meiner Mutter auf und fragte sie, ob sie es auch gesehen hat. Doch sie hat es leider nicht bemerkt. Ich entschloss, in das Gras zu rennen. Mein Bruder und meine Mutter aber gingen weiter nach Hause und bemerkten nicht, dass ich weg war.

Wieder mitten im Gras entdeckte ich das Licht. Es war viel heller als davor und ich dachte, ich könnte eine Gestalt in diesem Licht sehen. Ich war kurz davor, das Licht zu berühren. Mein Herz pochte laut vor Aufregung. Doch da war es plötzlich wieder weg. Enttäuscht blickte ich um mich. Irgendwo muss es doch sein. Da erblickte ich es wieder, einige Meter weiter im Wald leuchtete es wieder zu mir herüber. Ich wusste nicht warum, aber irgendetwas sagte mir, dass ich ihm weiter folgen musste. Aufgeregt lief ich dem Licht entgegen, doch kurz davor war es wieder verschwunden.

Es ging immer so weiter: bevor ich das Licht anfassen konnte, war es weg und tauchte wo anders wieder auf. Es führte mich quer durch den Wald. Meine Beine waren schon total erschöpft, aber ich wusste, dass das Licht etwas mit dem Christkind zu tun haben musste und folgte ihm quer durch die Nacht. Ich bemerkte nicht, dass viel Zeit verging. Zuhause machte sich meine Familie inzwischen große Sorgen, wo ich abgeblieben bin. Doch ich war immer noch dabei, dem Leuchten zu folgen. Ich achtete gar nicht mehr darauf, wohin mich das Licht führte. Ich wollte unbedingt das Christkind sehen.

Völlig abgekämpft stand ich auf einmal vor unserem Haus. Durch das Fenster konnte ich wieder das Licht im Wohnzimmer auf unserem Christbaum erkennen. Es leuchtete so wunderschön hell, viel heller als die anderen Kerzen. Ich stürmte sofort ins Haus, wo ich auch gleich meinen besorgten Eltern in die Arme fiel.

„Wo bist du denn so lange gewesen?" fragte Mutter besorgt. „Wir haben uns solche Sorgen um dich gemacht", ergänzte sie mit Tränen in den Augen, „das schönste Weihnachtsgeschenk ist, dass du wieder bei uns bist. Ohne dich hätten wir nicht Weihnachten feiern können." Überglücklich gingen wir in die Küche, wo auch schon lecker die Gans aus dem Ofen duftete. Aufgeregt erzählte ich von meiner Geschichte mit dem Licht und alle waren froh, dass wir wieder zusammen waren. Nach dem Essen schlenderten wir ins Wohnzimmer. Und da stand er, der wunderschön geschmückte Weihnachtsbaum und darauf dieses hell leuchtende Licht. Nur dieses Mal verschwand es nicht mehr. Es leuchtete für uns den ganzen Abend, während wir froh unsere Geschenke auspackten und Lieder sangen.

Als ich dann spät nachts überglücklich im Bett lag, wurde mir klar: Das wunderschön hell leuchtende Licht war das Christkind, das mich wieder nach Hause geführt und mir all die schönen weihnachtlichen Momente beschert hatte.

Lena Fichtner

Die Weihnachtsreise

Es war noch früh am Morgen, als Frau Blütenblatt aus ihrem Schlaf erwachte. Sie freute sich schon auf den heutigen Tag, weil sie Besuch von Mia und Tom erwartete. Sie bereitete ihr Frühstück zu und sah ihren Christbaum an. Frau Blütenblatt dachte sich: „Die Kinder könnten mir helfen, den Baum zu schmücken. Dieses Jahr soll er besonders schön werden!" Kurz darauf klingelte es. „Hallo Kinder!", sagte Frau Blütenblatt. „Hallo Frau Blütenblatt!", antworteten Mia und Tom.

Plötzlich klingelte es erneut. Ein Rentier stand vor der Tür. „Rudolf!", rief Frau Blütenblatt erstaunt. Das Rentier war außer Atem: „Ha, hallo Blümchen, wir brauchen deine Hilfe!" Frau Blütenblatt wollte wissen: „Was ist denn passiert?" Rudolf informierte sie: „Ich weiß es auch nicht, der Weihnachtsmann hat mir einfach einen Brief gegeben und mich hierher geschickt." Die Kinder schauten die beiden verdutzt an. Sie wussten zwar vieles über Frau Blütenblatt, das nicht gerade gewöhnlich war, aber niemals hätten sie damit gerechnet, dass Frau Blütenblatt mit dem Weihnachtsmann befreundet war.

Frau Blütenblatt drehte sich zu den Kindern um und sagte: „Mia, Tom, darf ich vorstellen: das ist Rudolf. Er ist ein treuer Gefährte des Weihnachtsmannes." Dann sah sie wieder zu Rudolf. „Rudolf, das sind meine Freunde Mia und Tom", stellte Frau Blütenblatt vor. „Woher kennt ihr euch denn?", fragte Tom. Das Rentier antwortete: „Blümchen erfand den besonderen Treibstoff, den der Weihnachtsmann für die Spielzeugmaschine benötigt!"

„Also, Rudolf, kannst du mir jetzt bitte den Brief zeigen?", fragte sie.

„Aber natürlich. Er ist in meiner Satteltasche!"

Mia fragte Tom leise: „Was wohl in dem Brief steht? Was meinst du?" Tom antwortete: „Vielleicht steht da drin, dass sein Schlitten kaputt ist."

Frau Blütenblatt öffnete vorsichtig den Brief und las:

Liebe Blümchen,

du weißt doch, dass wir ohne deinen besonderen Treibstoff keine Spielzeuge produzieren können. Na ja, irgendetwas stimmt nicht mit ihm, er hat sich schwarz gefärbt. Außerdem funktioniert die Spielzeugmaschine nicht mehr. Kannst du uns bitte helfen?"

Liebe Grüße
dein Weihnachtsmann!

„Oh nein, in drei Tagen ist Heiligabend!" rief Mia verzweifelt. „Keine Sorge, das schaffen wir noch rechtzeitig!", beruhigte sie Frau Blütenblatt.

Am nächsten Morgen packte Frau Blütenblatt ihre Sachen. Mia und Tom überlegten sich eine glaubwürdige Ausrede. Sie sagten ihren Eltern, dass sie eine Klassenfahrt mit zwei Übernachtungen machen würden. Gleich nach der Schule liefen sie direkt zu Frau Blütenblatt. Sie hatte bereits ihren alten Schlitten in Startposition aufgestellt und davor Rudolf eingespannt. „Da seid ihr ja, steigt ein!", rief das Rentier ihnen zu. „OK!" antwortete Mia und sie kletterte mit ihrem Bruder auf den Schlitten. Nun kam auch Frau Blütenblatt. Als alle im Schlitten saßen, galoppierte Rudolf los. „Juhu!" rief Tom aufgeregt. Sie flogen höher und höher und es wurde immer kälter.

Nach zwei Stunden stellte Rudolf fest: „Wir sind bald da!" Kurz darauf waren die ersten Weihnachtslichter zu sehen. „Wir sind angekommen!", sagte Frau Blütenblatt erfreut. Rudolf landete auf einem großen Gletscher. Nicht weit von ihnen entfernt sahen sie ein beleuchtetes Gebäude mit Weihnachtsdekorationen verziert. „Da ist sie, die Spielzeugfabrik!", schrie Mia. Tom staunte: „Wow, ist sie riesig!" Sie liefen hinein.

Der Weihnachtsmann erwartete sie schon und begrüßte sie: „Hallo Blümchen, und hallo, äh?"

„Mia und Tom, meine Freunde!", half ihm Frau Blütenblatt. „Also, ich hörte, dass es Probleme mit dem Treibstoff für die Spielzeugmaschine gibt. Deswegen bin ich hier!", erklärte sie dem Weihnachtsmann. „Vielen Dank. Soll ich dir den Treibstoff zeigen?", fragte er. „Ja bitte!" antwortete Frau Blütenblatt.

Mia, Tom, Rudolf und Frau Blütenblatt folgten dem Weihnachtsmann durch einen schmalen Gang. Am Ende des Ganges befand sich ein Raum. Die Kinder rannten voraus und blieben vor einer großen Flügeltür stehen. Sie starrten verzaubert. Eine riesengroße Spielzeugmaschine stand mitten in einem großen Zimmer, umgeben von Fließbändern, die Teddybären, Puppen und noch viele weitere Geschenke von einer Station zur anderen brachten. Oben an der Maschine war ein Filter befestigt. Kleine Elfen in Weihnachtsverkleidung leerten alle Wunschzettel in den Filter, dann kam aus einem Schlitz in der Spielzeugmaschine ein langer Zettel, auf dem stand, ob die Kinder brav waren oder nicht.

„Wo ist der Treibstoffbehälter?", fragte Frau Blütenblatt. „Hier!", sagte der Weihnachtsmann. Er zeigte auf einen Metallbehälter. Frau Blütenblatt öffnete den Deckel und sah hinein. Der Treibstoff war ganz schwarz geworden. „Oh nein!", rief sie entsetzt. Der Weihnachtsmann sagte: „Und das ist nicht das Einzige. Meine Kohle ist auch weg." „Es könnte doch sein, dass jemand die Kohle in den Treibstoffbehälter geworfen hat", warf Mia ein. Der Weihnachtsmann meinte: „Ja, das wäre wohl möglich! Aber wer würde so etwas tun?"

„Hey Leute, guckt mal her!!!", schrie Tom von einem der Fließbänder. Schnell liefen alle zu ihm. „Was hast du gefunden?", fragte Frau Blütenblatt. „Einen roten Hut!", antwortete Tom. „Zeig mal her!", sagte Mia.

„Wartet mal. Das ist doch der Hut von dem bösen Troll Fiesbert!", meinte Frau Blütenblatt. „Stimmt!", sagte der Weihnachtsmann. „Also, war er der Täter!", stellte Mia fest. „Wir müssen ihn finden!" Der Weihnachtsmann überreichte Tom und Mia eine Karte: „Mit Hilfe dieser magischen Karte und dem Hut werdet ihr ihn finden können". Mia steckte die Karte in ihren Rucksack. Da es schon spät war, einigten sie sich, mit der Suche nach Fiesbert am nächsten Tag anzufangen.

Gleich am nächsten Morgen machten sich die mutigen Abenteurer auf, um den bösen Troll Fiesbert zu finden. Ein roter Punkt auf der Karte zeigte ihnen immer, wo Fiesbert sich gerade aufhielt und wann er sich bewegte. Tom erschrak: „Äh, Leute, Fiesbert ist jetzt in Mexiko!" Rudolf antwortete: „Was? Wie ist das möglich?" Mia meinte: „Jetzt müssen wir uns aber beeilen! Schnell zum Schlitten." Rudolf galoppierte in Richtung Mexiko los.

Als sie in Mexiko eintrafen, schaute Tom wieder auf die Karte. „Hä? Jetzt ist er in Paris!", sagte er verwundert. „Wartet mal", sagte Mia. „Denkt Ihr nicht, dass das komisch ist? Keiner kann so schnell reisen. Vielleicht wurde die Karte sabotiert?" Rudolf antwortete: „Ja, vielleicht ist er immer noch am Nordpol und führt uns an der Nase herum!" Tom meinte: „Es kann sein, dass er versucht, die Spielzeugmaschine kaputt zu machen. Lasst uns sofort umkehren." Sie stiegen wieder in den Schlitten und eilten zum Nordpol zurück.

In der Zwischenzeit war Fiesbert damit beschäftigt, den Treibstoffbehälter auseinander zu nehmen, damit der Weihnachtsmann keine Geschenke mehr produzieren konnte. Frau Blütenblatt schlug die Tür zum Weihnachtslabor auf und eilte zur Spielzeugmaschine. Dann blieb sie stehen: „Hey, was machst Du denn hier? Ich habe den Treibstoff gerade gereinigt, so dass die Spielzeugmaschine wieder funktioniert!" Plötzlich erschien der

Weihnachtsmann hinter Fiesbert und fragte: „Da bist du ja! Wir suchen dich seit Stunden." Fiesbert drehte sich schnell um und antwortete frech: „Ich sorge dafür, dass du nie wieder Geschenke an die Kinder verteilen kannst!" Frau Blütenblatt wollte wissen: „Aber warum? Jedes brave Kind verdient eine Belohnung." Fiesbert antwortete böse: „Mir hat noch niemand in meinem ganzen Leben irgendein Geschenk zu Weihnachten gegeben. In der Trollschule war ich der Einzige ohne Geschenk und die anderen Trolle haben mich immer ausgelacht."

Der Weihnachtsmann reagierte verständnisvoll: „Denkst du, du fühlst dich besser, wenn du Weihnachten für alle anderen Kinder dadurch zerstörst? Denke an die Kinder, die an Weihnachten alleine sind oder traurig und krank. Haben sie es nicht auch verdient, eine kleine Freude zu bekommen? Ist das nicht die wahre Bedeutung von Weihnachten?" Fiesbert kratzte sich am Kopf und überlegte, ob er vielleicht doch zu hart gewesen ist. „Warum hilfst Du uns nicht, die Geschenke dieses Jahr zu verteilen? Du kannst mich begleiten und den Kindern dadurch Freude schenken." Fiesbert sah etwas verlegen aus und sagte leise und verlegend lächelnd: „Das hört sich wunderbar an".

Plötzlich öffneten sich die großen Flügeltüren und die Kinder und Rudolf platzten in den Raum hinein. Tom fragte erstaunt: „Was geht denn hier ab? Du Fiesling, Du hast den Treibstoff für die Spielzeugmaschine mit Kohle versetzt. Du wolltest jedem Kind Weihnachten verderben. Du musst bestraft werden!" Fiesbert blickte ängstlich auf. Der Weihnachtsmann unterbrach: „Wir wissen jetzt, warum Fiesbert Weihnachten für alle verderben wollte – er hat nie eine fröhliche Weihnachtszeit erlebt. Fiesbert, willst Du Dich bei den Kindern und Frau Blütenblatt entschuldigen?"

Fiesbert ließ den Kopf hängen und sagte: „Es tut mir furchtbar leid. Ich hoffe, Ihr könnt mir verzeihen. Wie kann ich es wieder gut machen?" Der Weihnachtsmann lachte laut und antwortet:

„Du könntest den Weihnachtselfen helfen, die Geschenke vorzubereiten." Mia rief: „Dann sofort los und an die Arbeit!"

Frau Blütenblatt ging zur Plätzchenstation, um ihre berühmten Weihnachtsplätzchen zu backen, die Kinder rannten zur Einpackstation, um die Geschenke festlich zu verzieren und Fiesbert ging zusammen mit Rudolf und dem Weihnachtsmann zur Fabrik.

Schließlich waren alle Geschenke rechtzeitig fertig, eingepackt und auf den Schlitten geladen. Der Schlitten hob ab. Fiesbert winkte den Kindern und Frau Blütenblatt zu, lächelte und rief: „Frohe Weihnachten!" Er dachte sich: „Das ist das schönste Weihnachtsfest, dass ich je erleben durfte!"

So wurde aus dem griesgrämigen Troll Fiesbert ein großzügiger Weihnachtshelfer.

Hannah Schlereth

Ein Freund zu Weihnachten

Es war ein Morgen wie jeder andere. Justin, ein 7-jähriger Junge, lag in seinem Bett und gähnte. Plötzlich sprang er erfreut aus den Federn. Es war der 24. Dezember, Heiligabend. Er wollte das 24. Türchen leeren, bemerkte aber, dass er dessen Inhalt schon vorgestern aufgegessen hatte. Der Junge hüpfte mit guter Laune die Treppe hinunter. Das große Fest wollte er zunächst mit einem ausgiebigen Frühstück beginnen. Er öffnete die Flügeltüren des Kühlschranks und musste feststellen, dass es bis auf die Reste von gestern nichts mehr gab. In diesem Moment fragte er sich, wo seine Eltern überhaupt waren. Er erinnerte sich, dass seine Mutter einkaufen wollte, aber das war auch nötig. Sein Vater war arbeiten.

Der Junge schnappte sich eine saftige Orange aus dem Obstkorb und ging zurück in sein Spielzimmer. Da kam ihm eine Idee. Er konnte versuchen, in das große Wohnzimmer einzudringen, das Zimmer mit den Weihnachtsgeschenken! Das hatte er schon seit Jahren vor, doch immer ging etwas schief. Er drückte die Klinke hinunter. Abgeschlossen. „Mist", dachte sich Justin und überlegte. Gleich darauf stapfte er durch den Schnee mit seinem selbstgebauten Periskop. Aus mehreren Flaschen, einer Packung Strohhalme und den beiden Handspiegeln seiner Mutter hatte er sich eines dieser Topspionageinstrumente zusammengebastelt. Durch das hohe Fenster schaute er hinein, doch die weißen Vorhänge versperrten ihm die Sicht. Vor Wut raufte er sich seine Haare und hätte beinahe das leise Krachen überhört.

„War das eine Christbaumkugel?", fragte sich Justin. Plötzlich hörte er ein Rumpeln und eine kaum zu vernehmende Stimme. Der Junge erschrak und flüchtete zurück in das Wohnhaus. Ein Schauer lief ihm über den Rücken. Doch die Neugier veranlasste ihn, in den Wohnraum zu gehen. Er schob seine misslungene Mathearbeit unter den Türspalt und drückte mit einem Bleistift den innen steckenden Schlüssel hinaus. Vorsichtig und langsam zog er das Papier zurück. Triumphierend hielt er das Stück Metall in den Händen. Nun drehte er ihn ihm Schloss um die eigene Achse, mit einem leisen „KLACK" sprang die Tür auf.

Unter der hohen Tanne lagen drei Geschenke und am Kamin lagen fünf weitere. Doch Justin war nicht wegen der Geschenke erstaunt. Das, was ihn so erschrak, war ein Zwerg, welcher mit dunkelgrüner Kleidung und einer Mütze, an deren Ende eine kleine Glocke hing, vor ihm stand. Beide sahen sich überrascht an. Der Wichtel schnauzte den Jungen an: „Was hast du denn hier zu suchen? Unartige Kinder bekommen keine Geschenke." „Aber ich wollte doch nicht…", stotterte das Kind. "Wer bist du?", fragte er. „Ich bin Tarzan", protzte der Wichtel. „Du meinst, der aus dem Dschungel", entgegnete das Kind. „Nein, der vom Nordpol", widersprach Tarzan, „ich bringe die Geschenke." „Aber dafür ist doch der Weihnachtsmann zuständig?" „Der Weihnachtsmann, wer braucht denn den Weihnachtsmann? Den haben sich doch nur die Erwachsenen ausgedacht. Ich bin der wahre Geschenkebote." Justin bot dem Wichtel etwas zu essen an. Doch der Wichtel meinte, er hätte hier im Haus schon das Nötigste gefunden.

„Ich komme dich mal besuchen", versprach der Zwerg freundlich. „Wie wäre es mit den Osterferien", schlug das Kind vor. „Da mach ich Urlaub auf den Osterinseln, der alte Hase löst mich ab", entschuldigte sich der Wichtel, „ich hätte zu Weihnachten Zeit." „Na dann bis nächstes Jahr", verabschiedete sich Justin von seinem neuen Freund. Er freute sich schon auf die nächstjährigen Weihnachtsfeiertage, obwohl das Fest in diesem Jahr noch längst nicht um war.

Alexander Witzany

Eine besondere Begegnung an Heiligabend

Eigentlich begann alles ganz harmlos. Es war der 24. Dezember, also Heiligabend.

Wir saßen mit der ganzen Familie am Frühstückstisch, alle waren fast fertig. Papa hat nebenbei einen Blick in die Zeitung geworfen. Ich habe auch ein bisschen mit reingeschaut. Meine Lieblingsseite ist die, mit dem Spruch des Tages. Und da stand an dem Tag ein besonderer Satz, den ich nie mehr vergessen werde: „Teile mit anderen und es kommt doppelt zu dir zurück". Ich weiß nicht mehr, von wem dieser Satz war. Ist ja auch egal, ich fand ihn so besonders, dass ich ihn mir direkt gemerkt habe. Vielleicht auch wegen dem Heiligabend.

Beim Abräumen des Frühstückstisches, mein Bruder und mein Papa hatten sich wie immer plötzlich in Luft aufgelöst, fragte mich meine Mama: „Marie, bist du so lieb und gehst nachher noch kurz zum Supermarkt? Ich habe leider gestern noch ein paar Sachen vergessen, die wir aber für Weihnachten brauchen. Und die Geschäfte schließen heute ja schon mittags, du müsstest also gleich los."

„Ach Mama, warum schreibst du dir eigentlich immer Einkaufszettel, wenn du eh immer was vergisst", fragte ich. Meine Begeisterung hielt sich echt in Grenzen. „Papa oder Ferdinand könnten doch auch gehen", war mein zweiter, eher kläglicher Versuch, um den Einkauf irgendwie herum zu kommen.

„Ach sei doch keine Motzkuh, mein Schatz. Die beiden müssen doch den Christbaum aufbauen. Und übrigens, auch du freust dich, wenn du zwischen das Brot und die Wurst Butter schmieren kannst, oder etwa nicht? Und ich möchte dich mal sehen, wenn du von Hand abspülen musst, nur weil wir keine Tabs für die Spülmaschine mehr haben und...".

„Ja, ist ja gut. Ich hab's kapiert, ich geh ja schon", unterbrach ich meine Mutter.

Am Supermarkt angekommen, schloss ich mein Fahrrad kurz ab und wollte gerade hineingehen, da fiel mir plötzlich der Mann am Eingang auf. Genauer gesagt, der Bettler, der jeden Tag dort sitzt. Immer mit den gleichen alten Klamotten und immer mit dem gleichen komischen Hut, dem er einem entgegenstreckt. Ich habe den Mann sicherlich schon hundert Mal dort gesehen. Aber ich habe ihn eigentlich nie wirklich angeschaut, bin immer schnell vorbeigegangen.

Aber diesmal nicht. Ich blieb stehen und habe ihn angeschaut, direkt in die Augen. Ich weiß auch nicht warum. Es passierte einfach. Er hatte so ein sonderbares Leuchten in seinen Augen, ich konnte gar nicht wegschauen. Das Leuchten, es erinnerte mich an das Meer von unserem Griechenlandurlaub. So blau und türkis und... ja, einfach wunderschön. Und gleichzeitig war da noch etwas Weißes oder Silbriges, wie eine Wolke.

Aber da war auch etwas anderes, das ich nicht beschreiben konnte. Ich fühlte etwas wie, ja wie soll ich sagen, wie Zufriedenheit. Ja, sein Blick sagte „Alles ist gut, so wie es ist. Und du bist gut, so wie du bist" Hört sich sicherlich blöd an, aber es war echt so. Genau das fühlte ich in dem Moment. Ich sagte nichts und der Mann auch nichts. Wir mussten auch gar nichts sagen. Manchmal reicht es, einfach nichts zu sagen. Keine Ahnung, wie lange ich da so stand, es kam mir wie eine Ewigkeit vor.

Ich bin dann, immer noch geflasht von dem besonderen Moment, in den Supermarkt hineingegangen und habe die Sachen für Mama gekauft... So was hatte ich noch nie zuvor erlebt. Beim Rausgehen bin ich dann wieder an dem Mann vorbeigegangen. Wieder blieb ich stehen. Er schaute immer noch so, wie vorhin. Und da hatte ich auf einmal eine Idee, eine richtig gute Idee. Ach was, eine Superidee!

Die Verkäuferin an der Kasse gab mir genau 1,77 Euro raus. Ich nahm das Geld wieder aus der Hosentasche und legte es in den Hut, zu den anderen, wenigen Münzen. „Herzlichen Dank, junge Dame", sagte der Mann zu mir. „Du bist sehr nett und echt was Besonderes. Mit dem Geld kann ich mir jetzt eine Banane kaufen und noch ein Geschenk. Wartest Du bitte kurz hier, ich bin gleich wieder zurück." Etwas verdutzt blieb ich stehen und blickte dem Mann hinterher, der schon im Supermarkt verschwunden war.

Keine 3 Minuten später kam er wieder zurück, tatsächlich mit einer Banane in der Hand. „Frohe Weihnachten", sagte er und streckte mir mit der anderen Hand ein kleines, gelbes Papier entgegen. „Was ist denn das?", fragte ich erstaunt. „Das ist ein Glückslos von der Altmühllotterie. Kostet einen Euro und man kann eine Million gewinnen. Immer wenn ich etwas mehr Geld übrighabe, als ich wirklich brauche, kaufe ich so ein Los und verschenke es an gute Menschen. Heute möchte ich es dir schenken, auch weil heute Weihnachten ist." Als er das sagte, sah ich wieder dieses Leuchten in seinen Augen.

„Und wenn ich die Million gewinne, dann teilen wir, einverstanden?", sprudelte es spontan aus mir raus. „Wenn du es wünscht, dann teilen wir. Dann bau ich mit der Hälfte des Gewinns ein Heim für Obdachlose hier in der Stadt", antwortete der Mann. „Das machen wir auf jeden Fall!", sagte ich irgendwie glücklich und verabschiedete mich, um nach Hause zu radeln.

Der Mann winkte mir kurz hinterher und hatte so ein liebenswertes Lächeln auf dem Gesicht. Na ja, vielleicht habe ich mir das auch nur eingebildet.

Unser Weihnachtsfest zuhause habe ich dieses Mal eigentlich nur so halb mitbekommen, weil ich den ganzen Tag der Lotterieziehung am späten Abend entgegenfieberte. Die Geschenke, das tolle Essen von Mama, das gemeinsame Musizieren – all das war plötzlich nicht mehr ganz so wichtig für mich.

Als es endlich 22.00 Uhr war und die Ziehung der Lotterie im Fernsehen lief, fragten mich meine Eltern und mein Bruder, ob alles in Ordnung mit mir sei und warum ich denn die Lottoziehung anschauen wollte? Ich gab keine Antwort, sondern schaute gespannt auf die Ziehung.

„Wir haben im Lotto gewonnen", schrie ich begeistert auf, als alle Zahlen schließlich gezogen waren und mit meinem Los voll übereinstimmten. Meine Familie schaute mich an, wie wenn ich verrückt geworden wäre. Noch bevor sie was fragen konnten, sagte ich: „Und ich weiß auch schon, was wir mit dem Geld machen!"

Lina und Wolfgang Krug

Mein 24. Dezember

Der 24. Dezember kommt einmal im Jahr,
wir alle freuen uns 364 Tage, dann ist er endlich da.
Ausschlafen, die Ferien fangen an,
die Freude auf Weihnachten rückt immer mehr heran.
Mit Christbaumkugeln und Glanz, oh, wie wunderbar,
hmm…, lecker, jetzt gibt's Lebkuchen und Plätzchen, hurra!
Der Adventskalender mit Schoki ist leider schon ganz leer,
doch die Vorfreude auf den Abend wird immer mehr.

Der Christbaum wird von Papa geschmückt,
wir alle helfen mit und sind ganz entzückt.
Die Geschenke warten schon geduldig unterm Baum,
vielleicht sogar erfüllt sich bald ein Traum.
Nun die letzten Proben auf dem Klavier,
ja, Weihnachtslieder, die spielen wir.
Das Krippenspiel ist ganz schön schwer,
beim Proben half die Mesnerin, jetzt aber nicht mehr.

Ein Blick auf die Uhr, bald ist es soweit,
Haare frisieren und anziehen, bloß welches Kleid?
Die Eltern in Hektik, die Zeit rast dahin,
nur wir Kinder warten auf den Abendbeginn.
Jetzt ist es endlich 16 Uhr, in die Christmette geschwind,
jeder schaut auf die Krippe und das Jesuskind.
Bei den Kindern sieht man erwartungsvolle Gesichter, mehr und mehr,
mir fällt das Lachen auch nicht schwer.

Stille Nacht, die Mette ist aus,
wir freuen uns alle auf einen Punsch zu Haus.
Das Essen bei Oma und Opa ist lecker,
mein Bruder sehnt sich nach seinem neuen Trecker.
Die Bescherung zu Haus steht noch aus,
wie gern wär ich jetzt im Weihnachtszimmer eine Maus.
Lichterglanz und Christbaum,
das ist jeder Kindertraum.
Die Feiertage stehen bevor,
Weihnachtsmelodien klingen im Ohr.

Pia Maier

Oh Tannenbaum, oh Tannenbaum, wie schön warst du, bevor die Katze kam

Normalerweise stellt man sich ja Weihnachten so vor: Es schneit, die Welt ist in sanftes Weiß getaucht, die Fenster und Gärten sind weihnachtlich geschmückt und auf den Straßen, wo sonst hektisches Treiben herrscht, ist es merklich still geworden.

Wenn dann die Vorbereitungen abgeschlossen sind, freut sich die ganze Familie, endlich wieder auf die bekannten Weihnachtsrituale.

Mein vorletztes Weihnachten hatte allerdings sehr wenig mit dieser Vision zu tun, wird mir aber immer im Gedächtnis bleiben…

Ich bin ein Mädchen, 11 Jahre alt und wohne mit meinen Eltern und meiner Katze in einer Wohnung am Stadtrand.

Alles fing damit an, dass es mir in diesem Jahr besonders schwerfiel, auf die Kinderchristmette und die anschließende Bescherung zu warten. Nachdem der Weihnachtsbaum mit allerhand Kugeln geschmückt und die Geschenke darunter drapiert waren, ging ich meinen Eltern durch meine Ungeduld so dermaßen auf die Nerven, dass sie sich kurzerhand entschlossen, mit mir einen Wald in Stadtnähe zu erkunden.

Meine Begeisterung für diesen spontanen Ausflug hielt sich zwar in Grenzen, aber zumindest hielte sich meine Langeweile für die nächsten zwei Stunden in erträglichem Ausmaß. Vom Parkplatz hastete ich voraus, mitten durch das matschige Laub, fernab jeglicher Wege oder Pfade. Am laut hörbaren Keuchen meiner Eltern konnte ich erkennen, dass sie Mühe hatten, mit mir Schritt zu halten. Wir drangen immer tiefer in den Wald. Als es Zeit wurde zurückzukehren, stellten wir fest, dass wir die Orientierung verloren hatten. Die Tatsache, etwas zu spät in die Kirche zu kommen, wäre nicht so schlimm gewesen, wenn ich nicht die

Rolle des Engels hätte singen müssen. Mein Chorleiter würde mir den Kopf abreißen, falls ich nicht pünktlich zum Einsingen erscheinen würde. Panik stieg in mir auf und ich fing an zu weinen. Doch mein Vater hatte gottlob sein Smartphone nicht vergessen, so dass wir mit Hilfe des Navis relativ zügig den Weg zum Auto fanden. Völlig erschöpft und alles andere als in Weihnachtsstimmung kamen wir dann in der Kirche an.

Während des Krippenspiels fühlte ich mich wie gerädert. Mir war heiß und kalt zugleich, mein Kopf fühlte sich an, als würde er jeden Moment platzen. Trotzdem spielte ich tapfer meine Rolle zu Ende. Zuhause angekommen bemerkte meine Mutter sofort, dass es mir nicht gut ging. Zum einen stürzte ich mich nicht wie gewohnt sofort auf die Geschenke, zum anderen stellte meine Mutter fest, dass mein Gesicht tiefrot glühte und meine Augen glasig glänzten. Ich hatte tatsächlich am Heiligen Abend Fieber. Na toll.…

Sofort packte mich meine Mutter in Unmengen von Decken und Pullovern ein und versorgte mich mit Tee und Fiebersaft. Damit ich am späten Nachmittag des Heiligabends nicht alleine in meinem Zimmer liegen musste, beschloss Mama, dass wir uns alle zusammen auf die Couch kuscheln und es uns gemütlich machen. Gesagt, getan, so hätte es doch noch ein gemütlicher Weihnachtsnachmittag werden können. Hätte…

Einige Zeit später war das Fieber gesunken und ich fühlte mich soweit in der Lage, meine Geschenke endlich auszupacken. Es waren jede Menge und das weihnachtliche Geschenkpapier säumte einen Großteil des Wohnzimmerbodens. Für meine neugierige Katze namens Lilly war es das erste Weihnachten bei uns. Sie wurde den ganzen Tag über sehr wenig beachtet. Wahrscheinlich tobte sie deshalb quer durchs Zimmer – leider ohne jede Ahnung, wie Papier auf Parkettboden rutscht.

Es geschah in Sekundenschnelle. Die Katze nahm die Kurve, landete auf Papier, driftete darauf einen halben Meter weit, versuchte sich panisch in Sicherheit zu bringen und landete mit Karacho auf unserem liebevoll geschmückten Christbaum! Was für ein Chaos! Es ist unvorstellbar, was so ein kleines Tier innerhalb kürzester Zeit alles kaputt kriegen kann. Dank meiner gesundheitlichen Lage musste ich nicht beim Aufräumen helfen. Für meine Mama war der Abend aber so gut wie gelaufen.

Der einzige Lichtblick des Abends war der traditionelle Besuch bei meiner Tante Agnes zum Abendessen. Dort treffen wir uns jeden 24. Dezember mit sämtlichen Tanten, Onkeln und deren Kindern. Sie kocht normalerweise am besten von allen und überrascht uns jedes Jahr mit neuen Spezialitäten.

Als wir schon fast auf dem Weg waren, die Wohnung zu verlassen, klingelte das Telefon. Meine Tante Agnes war am anderen Ende. Ihre Stimme klang seltsam verzweifelt. Nicht nur bei uns, sondern auch bei ihr ging wohl so einiges schief an diesem Tag. Soweit ich mitbekommen hatte, war der Fisch fürs Abendessen verdorben. Also sollten wir alles Essbare mitbringen, was wir entbehren konnten.

Da unser Kühlschrank immer gut gefüllt ist, hatten wir bald einen ganzen Korb voll unterschiedlichster Leckerbissen eingepackt und machten uns auf den Weg.

Dort angekommen erwartete uns die Verwandtschaft schon ungeduldig und mit Gelächter, weil die anderen genauso viel Zeug zum Essen mitgebracht hatten wie wir. Somit hatten wir an diesem Weihnachtsfest zwar kein frisch gekochtes, aber auf alle Fälle das vielfältigste Weihnachtsmenü, das wir alle jemals auf dem Tisch hatten. Insgeheim war meine Mama ein bisschen froh, dass auch bei meiner perfekten Tante mal was schief ging.

Wir aßen, tranken, ratschten und sangen Weihnachtslieder. Für mich war dieses Weihnachten letztendlich ein unvergessliches. Die Stimmung war so harmonisch und auch lustig, dass mir an diesem Tag besonders bewusst wurde, wie geborgen ich mich im Kreis der Familie fühle.

Letztlich klang der Abend dieses aufregenden Tages doch noch gemütlich aus und als wir alle nach Hause aufbrachen, hofften wir, dass das nächste Weihnachten genauso schön werden wird wie dieses – nur nicht so chaotisch.

Emma Hirschberger

Passt der Weihnachtsmann bald nicht mehr durch den Schornstein?

Ach Gottchen, ich muss noch 300 Millionen Geschenke besorgen. Das schaffe ich doch nie. Ich hätte wirklich eher damit anfangen sollen. Als ich noch in der Schule war, da war das alles nicht klausurrelevant.

Mist schon 16:00 Uhr, ich sollte nicht alles in der letzten Minute kaufen und verpacken. Dann habe ich auch noch sooo ein Glück, weil das Christkind gerade seine Tage hat, liegt im Bett und ist froh nichts machen zu müssen.

Um 18:00 Uhr sollen die Geschenke an Ort und Stelle sein. „Wichtel, packt alle Geschenke in den Schlitten!", schrie ich Juliana, Clara und Toni zu. „Ja, machen wir Boss", schrien sie zurück. Beeilt euch bitte.

Los, Rudolf Rentier, Beeilung! Schau, da unten ist Deutschland. Wir müssen zur Landung ansetzen - und schön unauffällig vor diesem Haus. Igittigitt, Orangensaft und Kakaokekse. Ist denen nicht klar, dass ich gerne einen Burger hätte? Das Problem ist, dass mir niemand einen Burger hinstellt.

Eigentlich unfair, ich bringe jedem Geschenke. Ich selbst bekomme nie welche. Ich bin der Weihnachtsmann für alle, aber wer ist der Weihnachtsmann für mich? Alle wollen nur Geschenke, geben aber keine. Wenn wir Geschenk gegen Geschenk tauschen würden, wäre das fair.

So, nur noch eine Millionen Geschenke, die ich ausliefern muss. Warum habe ich mir am Anfang so viel Stress gemacht? Oh, da liegt ein Zettel. Da steht:

FÜR: WEIHNACHTSMANN
VON: ANTONIA UND MATILDA

Lieber, lieber Weihnachtsmann,

vielleicht liest du das? Vielleicht auch nicht? Wir wollten dir nur Danke sagen für die vielen Geschenke. In der Jupiterstraße 15 wartet eine ÜBERRASCHUNG auf dich.
DANKE!

Na dann schnell in die Jupiterstraße 15, da war ich eh noch nicht. Hui, was ist das? Aber da liegt ja ein Burger auf dem Teller. Endlich mal jemand, der mitdenkt. Ich werde Antonia und Matilda auf jeden Fall einen Dankesbrief schicken, aber erst morgen.

Am nächsten Morgen:

LIEBE ANTONIA, LIEBE MATILDA,

ich wollte mich nur für den leckeren Hamburger bedanken. Woher wisst ihr, dass ich sie so gerne mag? Ihr könnt mir aber eine Freude machen, indem ihr allen weitererzählt, dass ich lieber Burger als Kakaokekse mit Orangensaft mag.

WEIHNACHTSMANN

Matilda Mowitz

Swatu - Die Weihnachtsretterin

Im Gegensatz zu Europa ist es in Afrika zur Weihnachtszeit Sommer...

Die ersten hellen Strahlen der afrikanischen Sonne fielen durch das Fenster in den noch stockdunklen Raum. Wie immer weckten diese Swatu auf. Gähnend streckte das Mädchen sich und versuchte, den Schlaf aus ihren Augen zu reiben. Doch als ihr bewusst wurde, welcher Tag heute war, verflog all ihre Müdigkeit sofort.

„Juhuuu! Heute ist der vierundzwanzigste Dezember!", entfuhr es ihr. Sofort presste sie sich ihre Hände auf den Mund, da sie ihren kleinen Bruder Cean nicht wecken wollte. Swatu dachte: „Morgen ist der 1. Weihnachtstag!"

Sie schlich leise in die Küche, wo sie ihre Mutter Alena vermutete, um mit ihr schon mal die ersten Vorbereitungen für das anstehende Fest zu erledigen. Als sie jedoch in der Küche ankam und ihre Mutter nicht antraf, verging all ihre Freude. Sie entdeckte einen auf dem Küchentisch liegenden Zettel, den ihre Mutter für sie dorthin gelegt hatte.

Liebe Swatu,

ich bin heute schon früher zur Arbeit gegangen, da mein Chef mich für die Vorbereitungen des Weihnachtsfestes benötigt. Ich versuche dafür, heute Abend eher wieder da zu sein. Versprochen...
Hab dich lieb!

Deine Mama

PS: Achte bitte ein bisschen auf Cean.

72

Enttäuscht stampfte Swatu nach draußen. Dies tat sie immer, wenn sie sauer war. „Dieser blöde Chef! Der macht uns noch unser ganzes Weihnachten kaputt!", schimpfte sie. Bis vor einem Jahr hatte noch Swatus Vater Adisa gearbeitet, um die Familie mit dem täglichen Brot versorgen zu können. Und Mutter Alena hatte noch Zeit, Weihnachten vorzubereiten. Doch eines Tages passierte das Unglück: Adisa starb. Eine schwarze Mamba biss ihn, als er gerade auf der Plantage die reifen Früchte erntete. Das war für die Familie sehr traurig. Nun musste die Mutter nach Arbeit suchen. Nach einiger Zeit ohne Einnahmen kam Alena endlich mit der Nachricht nach Hause, dass sie einen Job bekommen hätte.

Swatu seufzte. Mittlerweile stand sie auf der Terrasse des Hauses. Swatu und ihre Familie gehörten zu den wenigen afrikanischen Familien, die ein eigenes Haus besaßen, denn Afrika ist ein armer Kontinent. Das Haus befindet sich mitten in Südafrika und liegt abseits der Stadt. Von Vorteil ist, dass man von der Terrasse aus viele Tiere beobachten kann.

Und genau das tat Swatu jetzt. Sie war so in Gedanken versunken, dass sie nicht merkte, wie sich hinter ihr eine Gestalt näherte.

„Guten Morgen, Swatu", begrüßte Cean seine große Schwester, „wo ist Mama?" „Guten Morgen, Cean. Mama ist bei der Arbeit", antwortete ihm Swatu. Daraufhin fragt Cean verwundert: „Und wer bereitet dann unser Weihnachtsfest vor?"

Darauf konnte Swatu nicht antworten. Es entstand eine bedrückende Stille. Lange überlegte sie, was sie ihrem kleinen Bruder erzählen sollte. „Keine Ahnung...", gestand sie schließlich. Doch plötzlich nistete sich ein Gedanke in ihrem Kopf ein. Sie selbst könnte doch Weihnachten vorbereiten. „War es möglich, dass das klappte? Aber nein, unmöglich! ...Wobei..."

Swatu entschied sich dafür, dass sie es wenigstens versuchen könnte. „Ich werde Weihnachten retten!" Dieser Gedanke beschäftigte sie, als sie von dem Schluchzen ihres Bruders wieder in die Realität zurückgeholt wurde. „Sch...sch", versuchte Swatu Cean zu trösten: „Alles wird gut." Cean sah zu ihr hinauf. Er blickte sie mit seinen tiefblauen Augen an und fragte sie mit zittriger Stimme: „Wirklich?" „Wirklich!", versprach Swatu.

Dann weihte sie ihn in ihren Plan ein. Cean war sofort Feuer und Flamme. Wieder lächelnd fragte er, ob er auch mithelfen könne. Swatu, die ihren Bruder nicht verärgern wollte und gleichzeitig wusste, dass sie Ceans Unterstützung brauchen würde, sagte ja.

Dann legten die beiden mit der Arbeitsverteilung los. Cean wurde mit einer Einkaufsliste in den nächsten Laden geschickt, um Essen und Getränke zu kaufen. Für diesen Auftrag gab ihm Swatu noch 450 afrikanische Rand zum Bezahlen mit auf den Weg. Sie sah ihm noch kurze Zeit hinterher, wie er in Richtung Supermarkt lief.

Doch nun musste sie sich um ihre eigenen Aufgaben kümmern. Sie ging hoch in ihr Zimmer, setzte sich an ihren Schreibtisch und schaltete die Schreibtischlampe an. Helles Licht beschien daraufhin Swatus Arbeitsplatz. Sie kramte Bastelpapier aus einem Schrank und fing an, Sterne auszuschneiden. Nach einer knappen halben Stunde hatte sie ganze 30 Sterne fertig gebastelt. Diese verteilte sie anschließend als Dekoration in der Küche. Danach holte sie ein altes Kochbuch ihrer Mutter aus dem Bücherregal und schlug die Seiten mit den Weihnachtsrezepten auf. Nun musste sie nur noch auf ihren Bruder warten.

Schon bald klopfte es an der Tür und Cean kam herein, mit einer vollen Einkaufstüte. Eifrig machten sich die beiden Geschwister daran, ein typisch afrikanisches Weihnachtsessen zu kochen, für das sie Ziegenfleisch und Gemüse benötigten. Als sie das fertig gebratene Fleisch aus dem Ofen holten, Soße darüber gossen und es anschließend mit Gemüse garnierten, roch es herrlich in der Küche.

Es dämmerte bereits und Cean musste gähnen. Auch Swatu verspürte in sich eine ermattende Müdigkeit, welche sich immer stärker in ihr ausbreitete.

Sie sah sich noch einmal im Raum um: „Die bunten Sterne, das duftende Essen, ja, alles ist gut! ... Aber, irgendetwas fehlte doch?!" Swatu grübelte, konnte den Mangel dennoch nicht entdecken. Cean kam darauf: „Swatu, wo ist denn der Weihnachtsbaum?" Da fiel es Swatu wie Schuppen von den Augen. „Natürlich, der Baum!", rief sie aus.

Sie rannte auf den Dachboden, wo der Weihnachtsbaum lag. Es war ein schönes und prächtiges Bäumchen aus Plastik. Swatu hievte ihn hoch und trug ihn hinunter in die Küche, wo er aufgestellt wurde. Inzwischen hatte Cean den Schmuck für den Baum herbeigeholt. Jetzt begann das große Schmücken. Hier und da wurde eine Kugel aufgehängt und ein bisschen Lametta verteilt. Am Ende strahlte den Kindern eine Pracht entgegen, die sich sehen lassen konnte. Das letzte fehlende Puzzle-Stück für die Rettung des Weihnachtsfestes war ergänzt worden.

Wenige Zeit später lagen die Geschwister im Bett und fielen nach diesem anstrengenden Tag in einen tiefen Schlaf. Swatu konnte sich nur noch vage daran erinnern, wie jemand leise in ihr Zimmer kam und liebevoll flüsterte: „Danke, Swatu! Du bist eine echte Weihnachtsretterin..."

Paul Hansen

Weihnachten, ich freu mich so

Der Weihnachtsbaum ist schon geschmückt,
das ist uns mal wieder geglückt.
Auch das Essen ist gemacht,
dass der Weihnachtsmann nicht lacht.

Das Rentier Rudolf - ist nicht fair -,
es zieht den Schlitten kreuz und quer.
Die Düfte der Plätzchen ziehen den Weihnachtsmann an
und schon sind wir mit den Geschenken dran.

Bei Speis und Trank sitzen nun wir,
wenn Mama kocht, schmeckt es am besten.
Auch Oma und Opa sind nun hier.
Oje, was machen wir nur mit den Essensresten?

Die Geschenke sind sehr cool.
Ich bekam einen neuen Schreibtischstuhl.
Mein Bruder bekam ein Lego-Set
und mein Vater einen ferngesteuerten Düsenjet.

Morgen ist der erste Weihnachtsfeiertag.
Was ich wohl morgen machen mag?
Hoffentlich habe ich einen schönen Traum
in meinem weihnachtlich geschmückten Raum.

Daniel Sommer, Sebastian Sporrer

Weihnachten ohne Geschenke? - NEIN!

Ach du Schreck,
der Christbaum ist weg.
Ich seh' ihn nicht,
wer ist der Wicht?

Ist er noch hier?
War es ein Tier?
Nein, das kann doch gar nicht sein!
Die Tiere sind doch viel zu klein.

Morgen ist schon Heiligabend
und ich muss noch Kugeln tragend,
um den Christbaum laufen,
da komm ich ganz schön ins Schnaufen!

Wenn kein Christbaum steht hier,
kommt der Weihnachtsmann bestimmt nicht zu mir.
Dann bekomm' ich meine Geschenke nicht,
aber vielleicht ist das Christkind ja irgendwo noch in Sicht!

Mathilda Schumann, Rieke Belusa

Ein Weihnachtsgedicht

Weihnachten ist die schönste Zeit,
das weiß doch jeder weit und breit.
Omas Plätzchen sind die Besten,
denn das Rezept kommt aus dem Westen.

Alle schmücken den Weihnachtsbaum.
Am Ende sieht er aus wie ein Traum.
Finale Rituale am Weihnachtstag,
Geschenke auspacken, oh wie ich das mag.

Die ganze Familie kommt zu Besuch,
dann lesen wir eine Geschichte aus dem Weihnachtsbuch.
Die Weihnachtsgans schmeckt nicht immer am besten,
denn die macht Mama meistens aus Resten!

Den Sekt gibt´s erst um Mitternacht,
da sind die Kinder nicht mehr wach.

Cosima Faas, Anna Berger, Hannah Stupf, Emma Baumann

Zweifach zauberhafte Weihnachten!

An einem wunderschönen verschneiten Wintertag, am 23. Dezember, waren die Engel in vollem Gange. Sie liefen, hüpften und flogen in der riesigen, weißen Villa herum, um alles für Heiligabend vorzubereiten. Manche striegelten die Rentiere, die den Schlitten am nächsten Tag ziehen sollten. Andere packten die letzten Geschenke in weihnachtliches Papier ein. Nach langem Herumschuften, fielen die fleißigen Engel müde ins Bett.

Früh am nächsten Morgen standen die Engel auf und räumten die vielen Geschenke in den Schlitten. Dann flogen sie los und verteilten die Geschenke. Auf der Erde wohnten viele Menschen. Darunter auch eine sehr arme Familie, die aus Mama, Papa, den Kindern Julian und seiner jüngeren Schwester Sarah bestand. Obwohl sie nicht viel Geld hatten und sich damit nicht viel zu essen leisten konnten, freuten sie sich sehr auf Weihnachten. Die Engel wussten alles über sie und hatten dieses Jahr eine Überraschung für die Familie vorbereitet - ein festliches Mahl und viele Geschenke. An Heiligabend war die Familie in der Stadt und als sie zurückkamen, trauten sie ihren Augen nicht. In der Wohnung fanden sie so viele leckere und schöne Dinge. Sie freuten sich über alles und dankten den Engeln übermütig. Die Familie verbrachte einen schönen unvergesslichen Abend zusammen und freute sich schon sehr auf das nächste Weihnachten!

Lilly Knapp

An einem wunderschönen verschneiten Wintertag, den 23. Dezember, waren die Engel in vollem Gange. Sie liefen, hüpften und flogen überall in der weißen Villa herum, um alles für Heiligabend vorzubereiten. Nach ein paar Stunden waren sie fertig und gingen prompt zu einem Dorf und schauten sich nach liebenswürdigen Familien um, die auch ohne Geschenke Weihnachten wertschätzten.

Sie waren schon eine Weile unterwegs, aber überall wo die Engel reinschauten, fanden sie nur riesige Geschenkberge, aber keine Weihnachtsbäume, Dekoration oder selbst gemachte Plätzchen. Überall gab es keine wahre Freude. Als sie wieder zurückfliegen wollten, stießen sie auf ein verfallenes Haus, das aber voll war mit Weihnachtsbäumen, Dekoration und Plätzchenduft (war in der Luft) und alles war voller Freude. In diesem Haus wohnte die kleine Hanna mit ihrem Papa und ihrer Mama. Danach flitzten die Engel wieder zurück und erzählten es dem Weihnachtsmann. Er lachte nur ungläubig und ritt auf Rudolf zu der Hütte, um es selbst zu sehen. Als er das sah, fiel er fast in Ohnmacht und galoppierte wieder zurück zur Villa. Nach einer Weile befahl er den Engeln, den Geschenkeberg vor die Haustür zu legen. Sie taten dies und bevor sie gingen, klopften sie an der Tür und flohen so schnell sie konnten, damit Hanna sie nicht sah. Als sie die Tür aufmachte, kreischte sie und zeigte es ihren Eltern und sie mussten lachen. Sie feierten munter weiter und das war garantiert das beste Weihnachten aller Zeiten!

Leonie Bretz

Zu früh gefreut

An einem schönen sonnig verschneiten Morgen wachte die kleine Mia in ihrem kuscheligen Prinzessinenbett auf. Sie trug in sich eine riesige Freude, weil sie dachte, es wäre schon Weihnachten. Sie rannte nach unten und erblickte noch immer ihr kleines Tischchen mit ihren selbstgebackenen Plätzchen und ihrem Wunschzettel. Sie war innerlich sehr traurig, aber munterte sich auf und sprach zu sich: „Das Christkind kommt sicherlich heute noch!"

Sie ließ sich nichts anmerken und schaute jede Minute auf ihr Tischchen. Stunden vergingen. Am Abend konnte sie nicht mehr aufmuntern und lief weinend zu ihrer Mutter. „Das Christkind war immer noch nicht da!" Ihre Mutter lachte und sagte: „Morgen ist doch erst Weihnachten, mein Spatz!" Mia war überglücklich und ging ins Bett.

Am nächsten Tag rannte sie aus ihrem Zimmer und sah ihr Tischchen mit Krümeln und Engelshaar. Im gleichen Augenblick rief sie ihre Eltern und war sehr froh. Am Abend fand sie jede Menge Geschenke unter dem Tannenbaum. Sogar mehr als sie sich wünschte. Sie brach in Freude aus und sie war sehr glücklich.

Hanna Gruber, Hannah Liepold

Texte von Autoren ab 14 Jahren

Etwas bleibt?

Der Steg war ganz aus kräftigem, dunklem Holz gebaut. Die Balken waren stark verwittert durch Regen und Wind, die seit vielen Jahren über sie hinwegfegten. Auf dem letzten Balken saß ich. Eine einsame Gestalt, allein auf dem weiten See. Unter mir lag das Wasser, eine Fläche glatt wie poliertes Glas. Sterne spiegelten sich in seinen dunklen Tiefen, ab und an wurde die Ruhe des Wassers von einem einzelnen Windhauch durchbrochen. Die Sonne war bereits untergegangen. Der Himmel über mir war schwarz, schwärzer noch als das Wasser darunter. Schwärze, durchsetzt vom klaren Licht der Sterne und den Silhouetten ferner Berge. Am anderen Ufer lag die Stadt. Von dort drang aus unzähligen Gärten und Häusern der Schein der Lichterketten zu meinen Augen. Vor mir schwamm auf einmal ein kleiner Ast vorbei – kaum zu erkennen in der Dunkelheit des Sees. Ich beugte mich hinab, fischte ihn heraus. Wie er in meiner Hand lag, war es mehr ein Zweig als ein Ast. Und leicht, viel leichter, als ich erwartet hätte. Ich betrachtete ihn genauer: Ein kleiner Schilfhalm, vom Wind abgebrochen und hinausgetrieben auf den großen See. Aus einem inneren Impuls begann ich, den Halm abzuschälen. Möglichst behutsam – ich wollte ihn nicht zerbrechen – löste ich die äußerste Schale des Halms.

Der Klang von Glocken hallte über die Weiten des Sees bis hin zu mir auf den einsamen Steg. Drüben rief die Kirche ihre Gemeinde zum Weihnachtsgottesdienst. Gleich würden die Menschen in die Kirche strömen. Drüben, auf der anderen Seite. Ich dagegen saß auf dem Steg, nur mit mir selbst und dem kleinen Schilfhalm, den ich langsam und vorsichtig schälte.

Ich war in meiner Kindheit nie besonders oft in die Kirche gegangen. Des Öfteren vor meiner Firmung und Kommunion, meistens auch zu Ostern, ansonsten nur sehr vereinzelt. Nur an

Weihnachten waren wir immer in der Kirche. Jedes Mal am 24. Dezember, es war später Nachmittag, meist wurde es schon dunkel. Die Kirche war zum Bersten gefüllt. Die Menschen füllten die Bänke und drängelten sich in den Gängen. Ich weiß noch, wie meine Eltern einmal an der Wand standen, auf der anderen Seite der Bankreihe. Meine Schwester und ich, wir saßen in den Bänken. Dicht an dicht saßen wir, neben uns fremde Kinder, deren Eltern wohl auch an den Wänden standen, weit weg von uns. Der ganze Raum war in ein warmes, gelbes Licht getaucht und an den Wänden leuchteten Kerzen. Als die Glocken läuteten, senkte sich Stille über die ganze Kirche herab.

Ich sehe den Weihnachtsbaum noch deutlich vor Augen, der neben dem Altar stand. Groß war er, voll von rotem und goldenem Schmuck. Er war irgendwie überfüllt, übersättigt. Pompös auf eine Art, die ich nicht wirklich erklären kann. Unpersönlich, ganz anders als der Baum daheim. Wir schmückten den Baum immer erst an Weihnachten. Am Morgen, gleich nach dem Frühstück, gingen wir ins Wohnzimmer. Im CD-Player lief Weihnachtsmusik. Nicht die Weihnachtsmusik, die man den ganzen Winter über im Radio hört – nein, genau die Lieder, die ich damals, als Kind, an Weihnachten liebte. Wir hatten viele CDs mit Weihnachtsliedern, aber ich wollte immer nur ein, zwei ganz bestimmte hören. Den ganzen Vormittag liefen sie rauf und runter, während wir den Baum schmückten. Ganz oben am Weihnachtsbaum, da hing ein kleiner Bär. Ein brauner Holzbär, der eine rote Zipfelmütze mit goldenem Rand trug. Egal was sonst am Baum war, der Bär musste dabei sein – und zwar ganz oben.

Schicht um Schicht schälte ich den Schilfhalm. Der See vor mir war in klares, blaues Licht getaucht. Um mich herum schwammen bereits zahlreiche Schilfstücke. Ich blickte auf. Der Mond war aufgegangen und tauchte mich in sein Licht. Am anderen Ufer waren die Glocken schon lange verhallt. Stille war eingekehrt, als die Menschen sich in ihre Häuser zurückzogen. Ich senkte den Blick und widmete mich wieder ganz dem Schilfhalm.

Es gab kein Weihnachten ohne unsere Großeltern. Wenn wir von der Kirche kamen, waren sie schon da. Gemeinsam warteten wir gespannt, bis das Christkind die Geschenke brachte. Irgendwann klingelte es. Ein helles Klingeln, leise und trotzdem klar. Andächtig öffneten wir die Türe, legten den Lichtschalter um. Unter dem Weihnachtsbaum lagen Pakete. Große Pakete und kleine, alle eingewickelt in buntes Geschenkpapier.

Neben dem Baum stand unser Klavier. Jedes Jahr, bevor wir die Geschenke auspackten, saß ich dort und spielte. Als ich noch Klavierunterricht hatte, übte ich die Lieder Wochen zuvor. Jedes einzelne davon ein bekanntes Weihnachtslied, das ich fast perfekt spielte. Irgendwann hörte ich auf mit dem Musikunterricht. Das erste Jahr übte ich noch regelmäßig und an Weihnachten war alles wie gehabt. Im darauffolgenden übte ich nicht mehr. Die Lieder spielte ich mehr schlecht als recht, mitzusingen gestaltete sich für meine Familie schwierig. Dennoch – oder gerade deswegen – war das Vorspielen immer unterhaltsam, nie auf irgendeine Art peinlich. Damals konnte ich mir den Heiligen Abend schwer ohne diesen so gewohnten, lieb gewonnenen Ablauf vorstellen...

Der Schilfhalm war inzwischen ganz klein geworden. Überall im Wasser in meiner Umgebung schwammen kleine Stücke seiner Schale. Die Ersten trieben bereits fort vom Steg, hinein in den großen See. Vorsichtig trenne ich die letzte Schicht der Rinde ab, gespannt, was sich darunter befindet. Ich lasse sie fallen. Sie schwebt zum Wasser hinab, sanft kräuseln sich Wellen um sie. Dann treibt sie davon, gemeinsam mit anderen Stücken, fort von mir. Ich schaue hinab auf meine Hand. Nichts. Meine Hand ist leer. Mein Blick schweift suchend umher: Der Steg ist leer, im dunklen Wasser treibt nur die Schale. Es gibt keinen Inhalt. Es gibt nichts, was sich unter all diesen oberflächlichen Schichten befindet. Keinen Kern, kein Innerstes. Der Schilfhalm war fest, stabil. Er hat Wind und Wasser überstanden. Und doch ist er nur eine Hülle. Eine leere, wertlose Hülle ohne Inhalt. Ich blicke über den See, hin zur Stadt. Die meisten Lichter sind schon ausgegangen. Mehr und mehr Häuser werden dunkel. Die Menschen gehen schlafen. Der Heilige Abend ist vorbei mit all seinen Ritualen und Zeremonien. Morgen werden wieder die Wecker klingeln und sie zurückrufen, zurück in ihren Alltag. Die Schilfstücke sind weggetrieben, das Wasser ist dunkel wie zuvor. Nichts bleibt zurück vom Schilfhalm. Ich wende mich ab, laufe zurück über den Steg. Auch auf mich wartet ein neuer Tag. Verwandte werden kommen, nach den Feiertagen sind Berichte abzugeben. Die Welt wartet nicht.

Ein letztes Mal drehe ich mich noch um. Der Mond scheint wieder auf den See und am Ufer weht ein Büschel Schilf in einer leichten Brise. Schilf, das in seinem Inneren doch hohl ist. Und doch... auf eine gewisse Weise hat das Schilf doch eine eigene Kraft und Stärke. Tag für Tag, Jahr für Jahr trotzt es Sturm und Wind. Wie es dort im Mondlicht steht, scheint es mir auf einmal fast majestätisch.

Auf der anderen Seite werden die Menschen morgen wieder aufstehen und einen neuen Tag beginnen. Und doch werden sie Erinnerungen in sich tragen, die sie nie vergessen werden. Auch ich mache mich auf den Weg – mit dem Bild des wehenden Schilfs in meinen Gedanken.

Paul Christmann

Manche Tage

An manchen Tagen ist das Vermissen vermeintlich am schlimmsten.

Ich vermisse dich an manchen Tagen mehr als an anderen,
Vermutlich, weil wir diese Tage zumeist gemeinsam verbracht haben.
Mit Plätzchen-um-die-Wette-Essen,
Heiße-Schokolade-trinkend-durch-die-verschneiten-Straßen-Schlendern,
An-beste-Geschenkideen-Denken,
Uns-Gegenseitig-Dieses-Jahr-mal-wirklich-gar-nichts-Schenken
Und das dann wieder angeblich vergessen, weil wir uns so viel bedeuten,
Dass uns gegenseitig gar nichts geben gar nicht angemessen scheint.

Ich vermisse dich an manchen Tagen mehr als an anderen,
Vermutlich, weil wir an diesen Tagen mehr als sonst gelacht haben.
Über Menschen, die schon viel zu früh das Leucht-Rentier vor die Tür stellen und `
Über diejenigen, die die, wie in den meisten Fällen,
Viel zu früh verkauften Lebkuchen dann wirklich auch zu Haufen
Aus dem Einkaufsladen mit nach Hause tragen,
Aus Angst, am Weihnachtstag schon alle aufgegessen zu haben.
Über kleine übereifrige Fünfjährige, die auf der Eisbahn andere Kleinkinder umfahren und sich dann in rasanter Tour
Vor lauter Übermut jauchzend auf den fein gepolsterten Hintern fallen lassen.

Ich vermisse dich an manchen Tagen mehr als an anderen,
Vermutlich, weil wir uns gegenseitig in Weihnachtsstimmung mehr Geheimnisse erzählt haben.
Geheimnisse, die wir niemals jemandem anvertraut oder uns überhaupt getraut haben, auszusprechen,
Schließlich ist es peinlich und welchem Menschen gegenüber soll man schon zugeben,
Dass man mit sieben Jahren unsterblich in den süßen Jungen aus der Grundschule verliebt war,
Der zum vierzehnten Februar immer Pralinen mitgebracht hat?
Wem sonst soll man erzählen, dass man heimlich im Klassenzimmer unter der Bank den Taschenrechner in der Hand hatte,
Sich nach links und rechts umschaute, und unbeobachtet dann die Rechnung „4 mal 20" eingab,
Weil man sich mit dem Ergebnis – 80 – einfach nicht mehr sicher war?

Ich vermisse dich an manchen Tagen mehr als an anderen,
Vermutlich, weil uns damals einfach nichts und niemand trennen konnte – Und es im Endeffekt auch niemand jemals versucht hat.
Wenn man uns beide finden wollte, reichte es, einen von uns zu suchen.
Weil man uns nur zusammen antraf, konnte niemand so genau sagen,
Wer von uns beiden die Sommersprossen und wer von uns den Lockenkopf hat.
Und wenn man doch mal allein unterwegs war – was seltener als selten geschah –
Wurde man nach jedem Zentimeter seines Weges aufgehalten und gefragt,
Wo denn die zweite Hälfte unserer Freundschaft abgeblieben war.

Ich vermisse dich an manchen Tagen mehr als an anderen,
Vermutlich, weil mit dir an meiner Seite alles Schlechte halb so
Schlimm und alles Gute doppelt so schön erschien.
Wenn im Winter die ersten Schneeflocken fielen, verliehen wir
Schneeengeln im Weiß ihre Formen und
Schneemännern mit grünen Zweigen als Arme und orangeroter
Nase ihre Farben.
Wenn im Sommer die Luft wie Honig so dick war und man wie
verrückt schwitzte,
Wenn man bei jeder einzelnen Bewegung meinte in Hitze zu er-
sticken,
Warst du es, die mich mit kühlendem Nass bespritzte und mit mir
einen Sommertag lang auf der Bank im Freibad sitzen blieb,
Um nicht zu verpassen, wie die Jungs aus der Stufe über uns da-
für sorgten, dass der Bademeister ins Becken fiel.

Ich vermisse dich an manchen Tagen mehr als an anderen,
Vermutlich, weil manche dieser Tage schon immer uns gehört
haben.
Dazu gehört der 18. August, denn das war der Tag, an dem wir
uns damals, vor Jahren, kennen gelernt haben, ohne zu wissen,
dass wir mal beste Freunde werden würden.
Der 13. Juli des darauf folgenden Jahres, weil das der Tag war, an
dem wir uns zum ersten Mal in den Arm nahmen und uns darauf-
hin nie wieder loslassen wollten.
Der 19. Oktober dann, weil damit das große Erzählen und Ge-
heimnisse-Verraten begann, weil das der Tag war, an dem ich
verstand, dass uns beide etwas Wichtiges verband.
Einer dieser Tage, die ich persönlich gern vergessen würde, war
der 24. Dezember.
Der Tag, an dem wir uns das erste Mal verkracht haben, an dem
wir uns ohne Gute Nacht abends verabschiedet haben,

Und der Tag, an dem ich begriff, dass alles, was wir hatten, im Begriff war, sich zu ändern, und was soll ich sagen?
Der Tag, an dem unsere Freundschaft einen Bruch erlitt, den wir irgendwie nie wieder zu glätten geschafft haben.

Ich vermisse dich an manchen Tagen mehr als an anderen,
Vermutlich, weil du mir immer schon ein wenig mehr bedeutet hast als ich dir.
Das wollte ich dir immer schon mal sagen, aber getraut habe ich mich nie.
Ich erinnere mich gern daran, dass wir mal Freunde waren, und jedes Jahr an manchen Tagen ist das Vergessen schwieriger als sonst,
Und das Vermissen ist an diesen Tagen vermeintlich am schlimmsten.
Der 24. Dezember ist einer dieser Tage, an denen andere sich freuen und Freude verbreiten und ich,
Statt mich mit ihnen zu freuen, doch lieber allein bleibe,
Weil ich daran denken muss, wie sehr ich dich immer noch vermiss'.

Tanja Plieger

Kinderträume

Sie klebt, ob Tag oder Nacht ob Sonne oder Regen
Kleine Streifchen retten ihr das Leben
Sie färbt, ob giftig oder nicht, ob Hunger oder satt
millionen Mal, dunkelgrün, jedes einzelne Blatt
Ob Kinder der Dämmerung wohl zu schätzen wissen
von Sorgen befreit zu ruhen auf weichen Kissen

Zu schnell rast das Band, um nachzudenken
wichtig sei nur, die Liebsten zu beschenken
So werfen sie ihr Geld zum Fenster raus
Ein Alibi schenkt ihnen das Gotteshaus
Zu eng der Raum für Menschlichkeit
Fest der Liebe, für alle abseits vom Leid
Zu kalt ihre Sonne das Neonlicht
Leblos und blass das hübsche Gesicht

Sklaverei, so heißt das bewährte System
ganz weit weg, denn hier möcht's niemand sehn
Traditionell und anlässlich dem Feste
Gilt schließlich Dresscode: Weiße Weste
Die Afrika-Spende, so möcht' man meinen
hält wie immer das Gewissen im Reinen

Bebende Erde und flutender Monsun
Bloß keine Gnade, was zählt ist Konsum
Sie druckt, in tausend Sprachen
Sprachen, die sie nicht spricht
Schulen und Bildung gibt es hier nicht

In ferner Zukunft, so träumt sie es nachts
Gelingt die Flucht durch das Ende des Schachts
Dort küsst ihr die Freiheit zur Begrüßung die Hand
Hunger und Armut warten im Land

Naiv und Süß der Kindertraum
Verkörpert im grünen Tannenbaum
Der jetzt strahlt in synthetischer Pracht:
Um die Botschaft zu verbreiten, frohe Weihnacht

Leon Braunreuther

Maybe

Lebe jeden Tag als wäre es dein letzter." Doch was, wenn du weißt, dass es wirklich dein letzter ist? Du hast nur noch heute. So ist es bei mir. Ich lebe, so wie ich es immer nenne, auf Bonus. Eigentlich sollte ich vor ungefähr einem Monat ein Engel geworden sein. Doch das bin ich nicht. Und jetzt lebe ich wirklich jeden Tag als wäre es mein letzter. Man wird es sich nie so bewusst, doch jeder sollte so denken. Man weiß nie, was Gott mit einem vorhat.

So lag ich hier, in meinem Krankenbett, alleine, an Heiligabend. Plötzlich wurde die Tür aufgerissen und die Liebe meines Lebens kam herein. Dieser Junge machte mich so glücklich. Obwohl er wusste, dass unsere Liebe keine Zukunft hat, liebte er mich von ganzem Herzen. „Hallo, Weltschönheit." Er kam zu mir und mein Herz schlug automatisch schneller. Er gab mir einen flüchtigen Kuss auf die Wange. Sofort begann es an dieser Stelle magisch zu kribbeln. „Ich werde dich heute entführen", seine Augen funkelten wie Millionen Diamanten. „Wirst du das?", fragte ich nach. Mit gerunzelter Stirn sah ich, wie er seinen Arm unter meine Kniekehle legte und den anderen unter meine Schulter. Im Brautstyle hob er mich hoch. Ihm so nah zu sein, ließ meinen Atem schneller werden. „Ja, das werde ich."

Wieder viel zu schnell setzte er mich in meinen Rollstuhl und zog mir Jacke und Mütze an. „Warte, ich habe noch …", begann ich, doch er schob mich schon fröhlich pfeifend aus dem Krankenhaus. Draußen schlug mir sofort die kalte Luft entgegen. Mit seiner warmen Stimme erzählte er mir bedeutungslose Sachen. Das war einer der Gründe, warum ich ihn so mochte. Er war nicht aus Mitleid hier, nein, dieser Junge war hier, um mit mir Zeit zu verbringen. Wir waren einfach zwei verliebte Teenager. „Wohin bringst du mich jetzt?", fragte ich ungeduldig. „Zu mir nach Hause. Oder denkst du ich lass dich Weihnachten alleine?" „Warte!

Was? Du bringst mich zu dir und ich hab nur meine Jogginghose und ein altes Top an!", rief ich aufgebracht. Er lachte. Er hat ein so schönes Lachen. „Du bist so oder so die schönste Prinzessin." Je weiter wir uns vom Krankenhaus entfernten, desto nervöser wurde ich. Viel zu schnell blieb er stehen. „Hier können wir leider nicht mit dem Rollstuhl rein, deshalb werde ich dich tragen." Leider? Zum Glück. Anscheinend hatte ich es laut gesagt, denn ein Lachen entfuhr ihm. „Na, komm her, du kleiner Kletteraffe." So wie schon im Krankenhaus trug er mich ins Haus.

Der Geruch von Plätzchen lag in der Luft, Weihnachtslieder waren zu hören und ich konnte die Liebe spüren. Ich hatte leider keine Familie. Nicht mehr. Er brachte mich ins Wohnzimmer, wo seine Mama, sein Papa und seine kleine Schwester auf der Couch vor einem wunderschönen Christbaum saßen. Als sie uns sahen, standen alle auf und kamen auf uns zu. „Willkommen, Schätzchen. Wir haben schon so viel von dir gehört." Sofort wurde ich von ihnen herzlich umarmt. Ich musste mich wirklich bemühen, meine Tränen zurückzuhalten. Sie kannten mich überhaupt nicht und nahmen mich wie eine verlorene Tochter auf. „Danke", flüsterte ich gerührt. Sanft ließ mich mein Junge auf der Couch nieder.

„Es wird wahrscheinlich für uns beide heute wirklich peinlich." Er grinste mich an und kratze sich verlegen am Hinterkopf. Dabei sah er so verdammt heiß aus. „Es wird unbeschreiblich schön", murmelte ich und lehnte meinen Kopf an seine Brust. „Das ist es immer, wenn ich bei dir bin." Und so saßen wir schweigend da und sahen seiner Schwester zu, welche zu den Weihnachtsliedern tanzte, seiner Mutter, welche das Essen in der Küche zubereitete, und seinem Dad, welcher alles filmte.

Auf einmal spürte ich seine Hand auf meiner. Glücklich sah ich auf unsere Hände. Seine Hand war so schön warm und groß, währenddessen meine dagegen ganz zerbrechlich aussah. „Papa, tanz mit mir!", rief die Kleine fröhlich und zog an der Hand von ihrem Dad. „Wollen wir auch tanzen?", vernahm ich die schönste

Stimme, die ich mir vorstellen konnte. Ich sah traurig in seine schokoladenfarbigen Augen. „Du weißt, dass ich es nicht kann", flüsterte ich leise. Ich war zu krank. Ich war zu krank zum Leben, aber auch zu gesund zum Sterben. Ich befand mich mehr oder weniger auf der Warteliste. „So etwas möchte ich nie wieder hören, okay? Wir zwei schaffen alles", meinte er weich.

Zum dritten Mal an diesem Tag hob er mich hoch und ging in die Mitte des Raumes. Ganz langsam ließ er meine Beine los und setzte meine Füße auf seine. Sein Griff blieb fest um meine Taille. Ich sah wieder hoch in diese wunderschönen Augen. „Vertraust du mir?", flüsterte er. „Immer", antwortete ich sofort. Ich kannte ihn noch nicht lange, aber ich vertraute ihm wie keinem anderen. Langsam begann er, uns im Takt zu bewegen. Millionen Schmetterlinge flogen in diesem Moment in meinem Bauch. Ich hatte mich so in ihn verliebt. Ich wollte nicht gehen. Er war der Grund, warum ich immer mehr wollte. Mehr Zeit. Wenn man niemanden hat, den man liebt, oder der einen liebt, dann ist es leicht zu gehen. Er war mein einziger Grund, warum ich jeden Tag gerne diese Schmerzen auf mich nahm, obwohl wir noch nicht einmal wirklich zusammen waren.

Ich legte meinen Kopf auf seine Brust und hörte sein Herz schlagen. Meins würde dies nicht mehr lange tun, vielleicht war es morgen schon zu Ende. Ich wusste es nicht. „Papa, werden die zwei heiraten?", hörte ich seine kleine Schwester begeistert fragen. Mein Herz zog sich zusammen. Ich spürte wie er mich fester an sich drückte, um mir zu zeigen, dass er für mich da war. „Kann sein, man weiß nie was die Zukunft bringt", antwortete der Angesprochene liebevoll. „Essen ist fertig", unterbrach seine Mom die angespannte Stille.

Das Essen schmeckte wirklich köstlich. „Vielen Dank. Ich habe schon lang nicht mehr so gut gegessen", schwärmte ich, als ich wirklich das Gefühl hatte zu platzen. Die Köchin lächelte mich mitleidig an. „Das freut mich zu hören." „Ich werde kurz auf die Toilette gehen", meinte meine einzige Hoffnung und stand auf. Etwas verwirrt, sah ich ihm hinterher. Ich hatte gespürt dass er log, aber warum? Wenig später läutete es auf einmal. „Das Christkind! Das Christkind!" Die Kleine sprang ganz aufgeregt auf. „Na los, lass uns ins Wohnzimmer gehen", meinten die Eltern lächelnd. „Hab ich etwas verpasst?" „Ja, das Christkind ist gekommen!", schrie ihm seine Schwester schon entgegen. „Na dann, worauf wartest du?" Und schon stürmte sie ins Wohnzimmer.

„Sie ist so süß", schwärmte ich, als er mich wieder einmal hochnahm. „Nicht so süß wie du", flüsterte er und seine Augen funkelten wieder. Wir setzten uns auf die Couch und sahen zu, wie sie begeistert ihre Geschenke auspackte. Ihre Freude war so ansteckend, dass wir uns alle mit ihr freuen mussten. „Ich glaube es wird langsam Zeit für dein Geschenk, aber da müssen wir in mein Zimmer gehen." „Was? Nein, du musst mir doch nichts schenken", meinte ich hektisch. Ich hatte nichts für ihn. „Keine Angst, es ist nichts Großes." Wieder wurde ich gegen seine Brust gepresst. „Daran könnte ich mich gewöhnen", meinte ich zufrieden. Er lachte. Er öffnete eine Tür, anscheinend seine Zimmertür. Bevor er jedoch hineinging, blieb er stehen. „Schau nach oben", hauchte er.

Neugierig folgte ich ihm und sah einen Mistelzweig. „Du weißt was das heißt?", seine Stimme war ganz sanft. Ich nickte und mein Herzschlag beschleunigte sich. Er sah mich abwartend an. Langsam beugte er sich zu mir herunter. Seine Lippen waren nur noch einige Millimeter von meinen entfernt. Ich spürte seinen warmen Atem. Er blieb so einige Sekunden. Willkürlich hielt ich meinen Atem an. „Ich habe mich wahnsinnig in dich verliebt", murmelte er und schloss schließlich den Abstand zwischen uns. Vorsichtig erwiderte ich den Kuss.

Es war mein erster Kuss und ich konnte mir keinen perfekteren vorstellen. Er war der Junge, dem mein Herz gehörte. Ich weiß nicht, was schöner war, der Kuss oder seine Worte. Zu schnell löste er sich wieder von mir. Eine Glücksträne rann über meine Wange. Ich hätte mit allem gerechnet, aber nicht damit. „Ich habe mich auch in dich verliebt", flüsterte ich überglücklich und küsste ihn noch einmal.

Ich wusste, dass es falsch war, dass ich ihn nur noch mehr verletzte, aber ich konnte nicht anders. Mein Herz konnte nicht anders. In diesem Moment war ich das glücklichste Mädchen der Welt. Ich vergaß, dass ich morgen vielleicht nicht mehr aufwachen würde, ich vergaß meine Schmerzen. Es zählte nur er. Mein Junge. Für ihn würde sich der Kampf lohnen. Für unsere Liebe. Das macht uns aus, das macht uns stark. Dieser Junge hat mich in sein Herz geschlossen, obwohl er von vornherein schon wusste, dass ich es brechen werde. Er hatte mir heute das größte Geschenk gemacht, das ein Mensch einem anderen machen kann. Jeder redet doch immer von einem Weihnachtswunder, vielleicht war das meins.

Vielleicht war meine Situation doch nicht so hoffnungslos. Vielleicht würde ich es zusammen mit ihm ja schaffen. Vielleicht gab es ja doch noch ein morgen für mich. Vielleicht

Clarissa Bilevitz

Der Weihnachtssparfuchs

Auf Heiligabend freu ich mich jedes Jahr.
Das Fest ist einfach wunderbar.
Bei mir geht es nämlich nicht um Geld,
über das sich sonst doch jeder unterhält.
Auch ohne Kosten kann man sich entfalten,
du musst dich nur an mein Beispiel halten.

Einen Christbaum musste ich als Erstes holen,
vom Nachbarn wurde mir eine Blaufichte empfohlen.
Ja dieser Baum sieht wirklich sehr gut aus
und er stand nur rum im Nachbarhaus,
frisch gegossen und fertig geschmückt,
eine Pracht die wirklich jeden beglückt,
aber von einer Idee konnte ich nicht ablassen:
Zu meinem Wohnzimmer würde der Baum besser passen!
Doch bin ich kein Monster der anderen Schaden zufügt,
deshalb hab ich mich mit der Spitze begnügt.

Die Geschenke waren als Nächstes dran,
doch kein Laden geöffnet, was macht man dann?
Hilflos bin ich durch die Straßen gerannt,
bis die Lösung vor mir stand.
Ein Wagen nur kurz vorm Bäcker geparkt,
an Sicherheitsmaßnahmen wurde gespart.
Ein kleiner Ruck, die Tür ist auf,
das zählt doch quasi als gekauft.
Ich bin der beste Vater ohne Fragen,
denn ich schenke meinem Kind einen Wagen!

Auch fürs Essen ist gesorgt,
ich hab mir da was ausgeborgt.
Statt zum frohen Fest um einen Braten zu raufen,
dachte ich mir lieber nehmen und schnell weglaufen.
Aber das ist nicht schlimm, das hat Tradition,
ich tu das doch seit Jahren schon.

Nun war endlich alles bereit.
Die Familie versammelt zur Weihnachtszeit.
Doch die Oma erzählte wieder von ihren Hämorriden,
dieses Gesprächsthema stellt schließlich jeden zufrieden,
und tatsächlich war es so interessant,
dass jedem der Appetit entschwand.

Plötzlich hör ich die Glocke läuten.
Was könnte das denn nur bedeuten?
Vor der Tür herrscht ein Riesenaufstand,
Menschen mit Rechnungen und halben Bäumen in der Hand.
Ein Anderer will sein Auto zurück,
ist Weihnachten vielleicht doch nicht geglückt?

Maximilian Halsner

Fast kriminelle Weihnachten

Es ist der 23. Dezember und ich habe dieses Gefühl, als hätte ich was vergessen. Etwas Wichtiges. Aber nein, diesmal habe ich es sogar geschafft, die Geschenke vor Heiligabend zu kaufen. Musste ich ja auch, da Heiligabend auf einen Sonntag fällt, und die Läden geschlossen haben. Wahrscheinlich wäre gerade dieser einer ihrer lukrativsten Einkaufstage überhaupt geworden. Wenn man sich vorstellt wie viele verzweifelte Männer es geben muss, die vor lauter „Stress" vergessen haben, ein Geschenk zu besorgen. Doch auch ich habe das krampfhafte Gefühl, etwas vergessen zu haben.

Naja diese Vorweihnachtszeit war eh komisch. Durch den spontanen Urlaubstrip meiner Eltern musste ich nun die ganzen Weihnachtsvorbereitungen alleine schmeißen. Klar hatte ich noch meine Schwester, doch deren einziges Interesse bestand in Snapchat und Plätzchen backen. Also musste ich mich um alles kümmern: Deko, Beleuchtung und Essen. Naja, von mir aus kann Weihnachten jetzt kommt, ich setze mich also vor den Fernseher und schau mir den wahrscheinlich besten Weihnachtsfilm aller Zeiten an. Stirb langsam. Tja als Verbrecher hat man´s schwer, vor allem an Weihnachten. Doch auch ich werde so langsam müde, geh in mein Zimmer und murmle mich in meinen wohlverdienten Schlaf.

Doch kurz nach Mitternacht wache ich schweißgebadet auf. Ich schau auf mein Handy: 0.34 Uhr 24. Dezember. Die gute Nachricht, ich habe noch etwa 9 Stunden, bis ich meine Eltern vom Flughafen abholen muss. Die schlechte, mir ist eingefallen was ich vergessen habe: Den CHRISTBAUM. Wichtig nicht Weihnachtsbaum!

Auf jeden Fall muss jetzt ein Christbaum her, koste es, was es wolle. Doch wo bekommt man zu so einer unchristlichen Uhrzeit noch einen Baum her? Sämtliche Christbaum-Verkäufer öffnen zu spät oder gar nicht mehr. Ok ich muss einen kühlen Kopf bewahren. Jetzt hilft nur noch eins. Ich hole die dicke Skiunterwäsche aus dem Schrank, zieh mich warm an und stolpre in die Garage. Mit Kettensäge und Taschenlampe geht´s auf in Richtung Lentinger Wald. Ich muss zugeben, mittlerweile habe ich schon ein mulmiges Gefühl, allein durch den Schnee zu stapfen. Streng genommen handelt es sich bei meinem Plan um Diebstahl und ich erinnere mich wieder an meinen Film. Wie die „bösen Jungs" vom Polizisten John McClane aufs Korn genommen werden. Doch mein Plan ist ganz simpel: rein in den Wald, Baum fällen und raus. Doch leichter gesagt als getan, denn ich finde in der Dunkelheit keinen einzigen Baum, der passt. Zu klein, zu groß, zu wenig Äste, es gleicht einer Sisyphus-Arbeit. Doch da steht er. Er der perfekte Baum.

Gerade als ich mit dem Baumfällen beginnen wollte, bellt ein Hund ganz in der Nähe. Mist! Schnell mache ich die Taschenlampe aus und werfe mich mit dem Gesicht voran in den kalten Schnee. Ich presse mich tief in den Schnee und glaube mein Herz selbst schlagen zu hören. Anscheinend hört auch der Hund mein Herz klopfen, denn er kommt immer näher und bellt unaufhörlich weiter. Trotz eisiger Temperaturen läuft mir vor lauter Angst Schweiß über den ganzen Körper. Nun sehe ich auch den Besitzer des Hundes. Doch dieser steht genervt am Wegrand und ruft nur: „Diego, jetzt komm endlich wieder her!" Langsam trottet der Hund in Richtung seines Herrchens und mein Puls normalisiert sich auf nur noch 190 Schläge pro Minute. Ich warte noch ein paar Minuten, die sich wie eine halbe Unendlichkeit anfühlen, nehme die Beine in die Hand und renne in Rekordtempo nach Hause.

Niedergeschlagen aber erleichtert, nicht erwischt worden zu sein, stolpere ich die Küche. Mit Erschrecken stelle ich fest, wie die Zeit verronnen ist. Ich muss sofort los zum Flughafen meine Eltern holen. Mit schlechtem Gewissen und mulmigem Gefühl fahre ich auf der A9 dahin. Denn ich weiß genau, wie traurig und enttäuscht meine Mama schauen wird, wenn sie hört, ich war nicht mal in der Lage einen Christbaum zu besorgen. Ich kann die vorwurfsvollen Fragen schon hören: „Wo legen wir die Geschenke darunter? Wie sieht unser Wohnzimmer ohne Baum aus?" Es ist der Horror. Nicht einmal die „Nullingers" auf Antenne Bayern können meine Stimmung jetzt noch heben.

Doch dann ein Lichtblick am Horizont, ein wahres Weihnachtswunder. Wolfgang Leikermoser kündigt die Verlängerung des „Last Minute Christbaum Express" an – eine kostenlose Christbaumlieferung frei Haus und kurz vor Schluss. Ich steuere den nächsten Parkplatz an und rufe direkt im Studio an. Volltreffer! Ich bin live On Air. Ich berichte dem Antenne Bayern Morgen-Team ausführlich von meinen nächtlichen Eskapaden, welche Mitleid und Lacher auslösen. Gott sei Dank bekomme ich meinen heiß ersehnten Christbaum zugesichert.

Nun sehe ich auch meine sichtlich erholten Eltern auf mein Auto zukommen. Nach einem herzlichen Wiedersehen und einer entspannten Heimfahrt, auf der ich auch mein nächtliches Erlebnis beichten konnte, kommen wir zeitgleich mit dem Antenne Bayern Team an. Die ersehnte Tanne ist auf jeden Fall noch schöner, als die nicht gefällte Tanne des Lentinger Waldes. Eines ist sicher: Weihnachtsvorbereitungen sind kein Kinderspiel und mir bleibt dieses Weihnachten noch lange in Erinnerung.

Thomas Linz

Der Ruf der See

Kameraaufzeichnung vom 24.12.2016, 17:23:45 Uhr. Die Kamera läuft seit 5:32 min.

Im Regen steht eine blonde Reporterin unter einem Regenschirm, die nach ein paar einleitenden Worten nun auf eine junge Frau zusteuert. Beinahe beiläufig spricht sie dabei in gespielt traurigem Tonfall.

„Und hier ereignete sich vor nicht länger als einer Stunde eine Tragödie. Der Vollwaise Ethan L. P. Johnson fuhr an dieser Stelle mit seinem Auto gegen das brüchige Geländer der Brücke und stürzte ins Wasser!"

Die Kamera schwenkt für drei Sekunden nach rechts und zeigt das Geländer, von dem offenbar ein großes Stück fehlt. Ein Wassertropfen rinnt an der Linse herunter.

„Ich habe nun das Glück mit der einzigen Hinterbliebenen des Verunglückten zu sprechen: mit April, seiner Freundin. April, wie fühlen sie sich?"

Erst jetzt dreht sich die Frau vollständig um. Verzweiflung, Trauer und Panik spiegeln sich in ihren geröteten Augen. Sie wirkt verwirrt und wiederholt die Frage ungläubig.

„Wie ich mich fühle?" Sie lächelt und schüttelt fassungslos den Kopf.

„Mein Verlobter ist tot. Nach meinem Vater, meiner Mutter und meiner Tante ist jetzt auch noch er gestorben. Er war der Einzige, der noch bei mir war. Ich habe nichts mehr. *Nichts!*" Sie fährt sich aufgebracht durch ihr schulterlanges kastanienbraunes Haar und versucht sichtbar sich zu beruhigen. Die Kamera versucht eigenständig auf die Tropfen auf dem Glas scharf zu stellen.

„Das tut mir leid. Wollen Sie mir trotzdem etwas über sich und Ethan erzählen?", fragt die Reporterin. Fast sieht es so aus, als würde April die Frage verneinen, doch dann nickt sie leicht.

„Er hat das Meer geliebt. Darum wollte er unbedingt ein Lie-
besschloss an der Brücke hier anbringen. Es hing an dem Ab-
schnitt des Geländers, den er mit sich gerissen hat. Es war silbern
und… und…"

Ihre Augen füllen sich mit Tränen und sie wendet sich ab. Der
Regen nimmt nun der Kamera jegliche Möglichkeit zu filmen
und das Bild verschwimmt, als würde auch der Himmel um Ethan
trauern…

Ich kann mich noch genau an den Tag erinnern, an dem ich
Ethan kennenlernte. Er stand auf der Brücke und hoffte auf eine
Mitfahrgelegenheit, da ihm zuvor jemand beim Schwimmen sein
Rad gestohlen hatte. Ich hätte ihn niemals mitgenommen, schließ-
lich war er zu diesem Zeitpunkt noch ein fremder Mann für mich.
Doch als er mir half, den Reifen zu wechseln, da mir einer auf der
Brücke geplatzt war, fuhr ich ihn als Dankeschön nach Hause.
Danach liefen wir uns noch ein paar Mal über den Weg, bis er
mich zum Essen einlud. Was ich mir allerdings als romantischen
Abend in einem Lokal vorgestellt hatte, entpuppte sich als einfa-
ches Picknick am Meer. Zunächst war ich gar nicht begeistert,
denn ich konnte nicht mal schwimmen. Aber ich ließ mich über-
reden und so wurde der Abend zu einem der schönsten in meinem
Leben.

Oft versuchte er mich zum Schwimmen zu bringen, aber ich
hatte zu große Angst davor unterzugehen, obwohl er einer der
besten Schwimmer weit und breit gewesen war und mich somit
sicher hätte retten können.

Daher hatte ich es auch zuerst für einen schlechten Scherz ge-
halten, als zwei uniformierte Polizisten vor meiner Haustür stan-
den und meinten, Ethan wäre ertrunken. Als sie mir dann von den
näheren Umständen seines Todes berichteten, wurde mir klar,
dass sie die Wahrheit sagten, denn so gut wie er schwimmen
konnte, so schlecht fuhr er Auto.

Die nächsten Monate waren die schlimmsten meines Lebens. Man stellte mir zwar eine Psychologin zur Seite, doch sie war mir unsympathisch und ich hatte das Gefühl, dass sie mich nicht ernst nahm. Irgendwann meinte sie dann ich wäre soweit stabil, dass ich sie nicht mehr bräuchte. Und ich muss ehrlich sagen, ich war froh darüber. Nun brauchte ich mir nicht mehr ihre Ratschläge anhören, dass ich ihn vergessen und nur noch an die schlechten Zeiten denken solle. Aber ich wollte ihn nicht vergessen und so rief ich mir immer die schönsten Erlebnisse mit Ethan in Erinnerung. Das war am Anfang schlimm, doch ich lernte es zu genießen und dabei nicht an den Verlust zu denken, sondern ausschließlich an die schönen Momente damals. Ich flüchtete mich also in die Welt des Scheins, dachte ich hätte alles überstanden, doch eigentlich hatte ich es nur noch schlimmer gemacht.

Doch das wird mir leider erst heute bewusst. Heute, ein Jahr nach seinem Unfall. Ich bin auf dem Weg zur Brücke, denn sie war so besonders für uns beide gewesen. Für ihn war sie der direkte Zugang zur See gewesen, für mich der Schutz davor. Trotzdem verband sie uns, sie war die Brücke zwischen unseren Herzen gewesen.

Jetzt habe ich jedoch das Gefühl in einer Sackgasse gelandet zu sein, denn vor mir liegt eine düstere Zukunft, mit dem Rücken stehe ich zur Wand.

Ich bin jetzt bei der Brücke angekommen und gehe zu dem Abschnitt des Geländers, das sie nach Ethans Unfall erneuert hatten. Es ist ein beklemmendes Gefühl sich über die Brüstung zu beugen, um das Meer besser sehen zu können. Doch je weiter ich mich vorbeuge, desto freier fühle ich mich plötzlich und so schließe ich die Augen. Ich konzentriere mich auf das Rauschen des Meeres, auf das Spitzen der Gischt und auf den Wind, der mir das Haar verweht. Ethan hatte immer gemeint, dass die See ihm zuflüsterte. Er hatte ihr geantwortet indem er mit ihr schwamm, mit jedem Muskel, den er dabei anspannen musste, mit jedem

Atemzug, den er benötigte, mit jedem Innehalten, um das Leben zu genießen.

Das Leben. Obwohl er dem Wasser vertraute, hatte es ihm jenes genommen. Und damit meines zerstört. Mich verlassen die Kräfte und ich trete ein paar Schritte vom Geländer weg. Plötzlich kommt mir alles wieder so furchtbar fremd vor, sodass ich am liebsten gegangen wäre. Ich stecke meine Hände in die Jackentasche und spüre etwas Kaltes an meinem rechten Handrücken. Ich umschließe es und ziehe es heraus. Es ist unser silbernes Liebesschloss, das die Kriminalpolizei nach dem Unfall eingeklemmt unter der Stoßstange von Ethans Auto gefunden hatte. Einer der Beamten hatte Ethan gekannt und es mir deshalb zukommen lassen. Ich klappe den Bügel auf und ziehe meinen Verlobungsring von meinem Finger, dann fädle ich diesen auf den Bügel und befestige das Schloss am Gitter der Brüstung. Dann stemme ich mich auf das Geländer und beobachte die Autos auf der Straße, die Fahrräder und die Menschen. Die Menschen in den Autos, auf den Fahrrädern und auf dem Gehweg.

Eine Frau und ein Mann laufen händchenhaltend und lachend über die Brücke. Ein Vater fährt mit seinem glücklichen Sohn auf dem Rad. Ein Mädchen mit ihrer Mutter, ein alter Mann mit seiner Frau, eine Großmutter mit ihrem Enkel. Glück, Freude, Liebe, Geborgenheit gegen meine Trauer, Angst, Panik und meinen Hass. Hass auf die Menschen, das Meer, das Leben. Hass auf *mein* Leben. Ich will diese Menschen nicht mehr sehen, deshalb schwinge ich meine Beine über das Geländer und drehe mich um. Stattdessen blicke ich nun auf das wilde Meer und fühle mich ihm seltsam vertraut.

Je länger ich es betrachte, desto besser scheine ich es zu verstehen. Was mir noch vor ein paar Augenblicken als unzähmbar erschien, entpuppt sich als Rhythmus, das laute Rauschen als Melodie. Als wolle es mit einem Lied seine eigene Geschichte erzählen. Ich versuche es zu verstehen, doch je länger ich angestrengt zuhöre, desto leiser wird es, als hätte ich es gekränkt, weil ich nicht antworte.

Ethan war geschwommen, um dem Meer zu antworten. Doch ich kann nicht schwimmen, trotzdem will ich antworten. Ich lasse alle Anspannung, jegliche Emotion von mir abfallen, um das Meer noch einmal zu hören. Und plötzlich höre ich ihn. Klar und deutlich, wie eine Erlösung, und es ist mir nicht möglich ihm zu widerstehen. Es ist der Ruf der See.

Fiona Dittrich

Das Mädchen mit dem Mantel

Er schlenderte über den Weihnachtsmarkt, unwissend, was er überhaupt hier wollte. Es war schon dunkel, es muss ungefähr halb 8 gewesen sein. Es schneite. Der Posaunenchor spielte selbst an so einem kalten Dezembermittwoch. Alles klang wie immer, alles war irgendwie so wie immer und dennoch wusste er ganz genau, dass etwas fehlt. Das Gelächter und Geschrei der breiten Masse lässt ihn darauf schließen, dass der Glühweinmissbrauch seinen Höhepunkt erreicht hat. Er sah sich um. Auch die Stände von letztem Jahr standen genau in der richtigen Reihenfolge wieder an ihren Plätzen. Am Ende dieser Reihe befand sich der Süßigkeitenstand mit den mit Honig überzogenen Mandeln. Die isst er jedes Jahr hier. Er ging weiter.

Der Schneefall nahm zu, aber die Flocken tanzten noch ruhig auf die Straßen und Dächer nieder. Er hörte einen Standbesitzer fluchen, er schien sich über das Wetter zu beschweren, weil seine gestrickten Wollsocken dem Wetter nicht standhalten konnten. „Dumm", dachte er sich, „da gibt es Leute, die, selbst wenn Weihnachtsmarkt ist, über Schnee meckern." Er dachte sowieso, dass man es niemandem hätte recht machen können, davon war er schon lange überzeugt, und das nicht nur am Tag des Weihnachtsmarktes. Er erinnerte sich an letztes Jahr. Irgendwie war ihm da nicht so kalt wie heute.

Er erinnerte sich an das Mädchen mit dem Mantel, nur das Gesicht war wegen ihrer Kapuze zu erkennen und ihre blaugrünen Augen spiegelten sich im Licht des Weihnachtsmarktes wider. Sie aß wie er immer am gleichen Stand die mit Honig überzogenen Mandeln. Letztes Jahr war das letzte Mal, als er sie sah. Er verlor sie kurz danach. Jedes Jahr gingen sie gemeinsam auf diesen Weihnachtsmarkt und nun fiel ihm ein, warum er vielleicht hier war. Vielleicht wollte er sie noch einmal sehen, vielleicht war sie ja wieder, wie zuvor jedes Jahr mit ihm, auf diesem Weihnachtsmarkt. Doch er konnte sie nirgendwo entdecken. Ihm blieb nur noch übrig, zu ihrem Wohnhaus zu gehen und das zu tun, was er hätte schon immer, das ganze Jahr über, machen sollen: mit ihr reden.

Sein Finger drückte die vom Schnee nass gewordene Klingel. Er sah gespannt in den Hausflur hinein. Er wartete und wartete, aber mit jeder Sekunde stieg der Zweifel, dass er sie hier antreffen würde. Es hörte auf zu schneien. Nach ein paar Minuten musste er sich selber eingestehen, dass diese Tür sich nicht mehr öffnen wird. Er ging zurück, obwohl er nicht wusste, was er hier noch verloren hat. Vielleicht war es auch nur die Hoffnung, die ihn antrieb, nochmal zu dem Mandelstand zu gehen, oder es war auch nur ein verzweifelter Versuch, etwas zu erzwingen, was dieses Jahr nicht passieren sollte.

Er hob den Kopf Richtung Stand und sieht ein Mädchen. Sie trägt einen Mantel mit der Kapuze aufgezogen. Wahrscheinlich hat sie ihn gesehen. Ihre blaugrünen Augen strahlen ihn vom Licht des Weihnachtsmarktes an. Wie paralysiert steht er da. Kann das sein? Plötzlich steht sie vor ihm. Sie hat 2 mittlere Tüten Mandeln in der Hand. „Wäre es nicht traurig, wenn Menschen, mit denen man viele Erinnerungen geteilt hat, plötzlich selber zu einer werden?", sind ihre Worte, als sie ihm eine der beiden Tüten hinhält.

Martin Wilhelm

Weihnachten ist tot! Und wir haben es getötet!

Statt Glöckchen wecken Weckertöne
Wenn überhaupt noch Licht der Außenwelt entflieht,
kitzeln grelle Straßenlampen
unsanft aus traumlosem Hin-und-Her-Gewälze
Wunschzettel per WhatsApp verschickt
alte Traditionen längst durchschaut
bleibt die Freude schon vor Zimmers Türe liegen
Rap- und Rock-verzerrte Möchte-gerne-Weihnachtslieder
krachen lautstark aus Stereoanlagen
zerreißen heiligste Festtagsstille
Und wo sonst leuchtend Kinderaugen,
starren gierig auf buntverpackte XXL-Pakete,
gefüllt mit allem was das Hirn begehrt.

Wo bleibt die allgemeine wundervolle Heiligkeit?
Denn wenn gedämpftes Kerzenlicht wirft besinnlich Silhouetten
hinter Tannenbäume, Geschenkpapier und Christbaumkugeln,
wir bedenken, dass am Heiligabend nicht die Dinge zählen,
sondern Menschen, Menschlichkeit!

Lilli Forster

Die Essenz des Glücks

Es ist der 24. Dezember. Heiligabend. Der Höhepunkt einer beschwerlichen Weihnachtszeit. Der Tag der Geburt Jesu. Mein Todestag.

Ich gleite hinaus, ich lasse meinen Körper, welcher sich mir in rückblickendem Gedenken eher lästig als hilfreich erwiesen hat, weit unter mir und schwebe durch die rauchverhangene Luft des Winters, die meine Seele in eine angenehme Wärme bettet. Je mehr ich dem goldenen Licht, das man aus all den klischeehaften Nahtoderzählungen kennt und mir wohl deshalb so überaus vertraut erscheint, entgegenstrebe, desto geborgener fühle ich mich in den Klauen des Todes, der, wie ich nun feststelle, völlig umsonst gefürchtet wird.

Nun ist jedoch der 24. Dezember ein Todestag mit einer ziemlich unglücklichen Fügung, denn wie ich mit gefasster Ruhe feststellen muss, genehmigt sich auch das Reich der Toten am Geburtstag des Prinzen einen Festtag, eingeschlossen des Pförtners, den ich, würde ich es vermögen, mit meinem Blick das steinige Tor zu durchdringen, beobachten könnte, wie ihm mittels Trichter große Mengen des „Blutes Jesu" einverleibt werden.

Als Seele ohne Heimat beschließe ich, mich wieder auf den Weg Richtung Erde zu machen, und während ich mich in das endlose Schwarz fallen lasse, muss ich mich zunehmend darauf konzentrieren, der inneren Widerstrebung zurückzukehren standzuhalten. *Noch* bin ich eins mit der Ewigkeit und mit dem Reich Gottes, das mich zu sich ruft, unter mir die sich drehende Erde, untrennbar vereint mit all ihren weltlichen Beschaffenheiten, jede einzelne von ihnen eine Hure Babylons.

Als Seele den physikalischen Gesetzen trotzend bin ich dennoch nicht in der Lage, diese auszuschalten und so fassen die Winde der Farrel-Zelle meinen Gedanken an eine Stadt, die in der Antike das Zentrum des mächtigen Babylonierreiches darstellte, und wehen mich in ihr heutiges Territorium, in den Irak. Ich nehme die Lichter der Erde unter mir wahr und vereinzelt gelingt es mir sogar, anhand dieser Straßen und Ortschaften ausmachen zu können.

Es ist immer noch Nacht. Es ist noch immer Heiligabend, auch wenn er hier in der Gegend kaum als solcher bekannt ist. Es ist so ruhig. So schön.

Unverhofft blendet mich ein grelles Licht, dicht gefolgt von einem lauten Knall. Ich höre Steine fallen, ich höre Vögel fliegen, ich höre Kinder weinen und obwohl ich mehrere Kilometer vom Ort des Geschehens entfernt bin, höre ich es. Mich fasst ein neues Unbehagen, weitaus größer als das Vorige, als ich beschließe, die Sachlage genauer zu betrachten, und während ich einer immer dunkler werdenden Rauchsäule, schwärzer als die schwarze Nacht, entgegenfliege.

Ich bin da. Überall laufen Menschen aufgeregt in alle Richtungen. Es ist ein großer viereckiger Platz, vorne durch Gebäude arabischer Architektur begrenzt, an seinen Seiten mit einem steten Wechsel aus Zugängen zu schmalen Gassen und weiteren Gebäuden versehen. Am Ende des Platzes erkenne ich die Überreste einer Moschee, die wohl einmal von sehr prachtvoller Gestalt gewesen ist. Allmählich vermengt sich der Rauch darüber mehr und mehr mit der klaren Luft seiner Umgebung, was mir erlaubt, mich genauer dem Geschehen dieses Ortes zuzuwenden. So sehe ich verletzte Menschen, Menschen ohne Arme, Arme ohne Menschen, Arme, die aus den Trümmern der Moschee hervorragen und die, um sich Aufmerksamkeit zu verschaffen, mit letzter Kraft die Luft aufwedeln und auf die marmornen Steine schlagen. Ich spüre eine Art erdrückendes Gefühl, als befände ich mich in einer Kammer, die auf eine Person ausgelegt ist und man brächte einen Zweiten, mit dem ich diese teilen solle. Dort wo ich bin, werde ich wohl sehr bald Gesellschaft bekommen. Rasch begebe ich mich in eine der vielen kleinen Gassen, die den Platz umgeben. Mich im Schutze der anliegenden Häuser beruhi-

114

gend bemerke ich zwei Personen, die der grausamen Szene und dem einhergehenden Geruch des Todes ebenso wie ich entfliehen wollten.

Eine Frau. Mit einem Kopftuch, das ihr Haar verbirgt. Die andere, ein Kind, ein Mädchen, der Größe nach von etwa acht Jahren. Es hält die Hand ihrer Begleiterin und hat sichtlich Mühe, sich der Geschwindigkeit der Vorauseilenden anzupassen. Sie rennen. Ich folge, in dem wohligen Wissen, nicht bemerkt werden zu können. Ich folge den beiden Flüchtigen durch menschenleere, unbeleuchtete Gassen, nur gelegentlich müssen sie ungepflegt aussehenden, auf dem Pflaster sitzenden Menschen ausweichen, die diese überhaupt nicht zu bemerken schienen. Ich weiß nicht, ob sie schlafen, denn sie halten die Augen zwar geöffnet, jedoch liegt eine Leere in ihrem Blick, die man nur von einem Schlafenden hinter seinen geschlossenen Lidern erwarten würde. Eine ausgiebigere Betrachtung machen mir meine beiden Flüchtigen nicht möglich. Links, rechts, links, links, geradeaus, rechts, links, rechts, rechts. Bald schon muss ich mir eingestehen, in diesem schier ewig andauernden Marathon die Orientierung über seinen Austragungsort verloren zu haben. Das Gefühl über die Zeit habe ich seit meiner Geburt im ewigen Leben ohnehin entbehrt, und so kann ich lediglich über die Position des hämisch grinsenden Sichelmondes eine vergangene Zeit von etwa einer Stunde feststellen, als wir endlich eine schmale Treppe besteigen, an deren Ende eine unversperrte Tür aus Holz den Weg in das Innere des Gebäudes freigibt.

Ich mache mir keine Mühe, zusammen mit der Frau und dem Mädchen, das vermutlich ihre Tochter ist, jene Tür zu passieren. Mit Leichtigkeit durchdringt meine Seele die dünne Holzschicht und findet sich im Inneren wieder.

Es setzt sich aus nur einem einzigen Raum zusammen und dieser einzige Raum gibt das gesamte Innere wieder. Er ist klein, nicht größer als 30 Quadratmeter. An seiner hinteren rechten Ecke befinden sich ein Klo sowie ein Waschbecken, der Bereich ist an seiner Seite durch eine undurchsichtige Folie vom Rest des Raumes abgeschnitten. An der hinteren Wand steht ein Regal, auf dem wiederum ein sehr alt aussehendes Radio platziert wurde, umgeben von einigen Büchern mit arabischen Schriftzeichen auf ihrem Buchrücken. Davor auf einem löchrigen Sofa sitzt schweigend ein circa vierzigjähriger Mann mit Bart, durch welchen die Narben in seinem Gesicht ansatzweise verborgen liegen. Zu seiner linken steht ein Herd mit Ofen, und ihm geradezu ein Tisch mit vier um ihn herum verteilten Stühlen, dahinter ein Bett. Die blassgrauen Wände machen einen schmutzigen Eindruck und scheinen den kleinen Raum zwischen ihnen weiter zu komprimieren.

Ich wende mich der Mitte des Raumes zu. Dort steht die Frau mit Kopftuch, in ihren Armen hält sie nun das Mädchen, ihr Kinn ist auf die Schulter eines Mannes gelegt, der die beiden stumm in seinen Armen hält. Mit jedem Mal, das seine Hand über ihren Rücken streicht, kehrt mehr Ruhe in den Atem der Frau zurück. Ihre Stimme durchbricht die Stille: „Es ging alles so schnell… auf einmal dieser laute Knall und alles was man sehen konnte war Tod, überall Tod."

Es amüsiert mich, dass sie mich, der ich seit einiger Zeit genau das bin, nicht sehen kann, trotz meiner unmittelbaren Nähe. Sie redet weiter, hektisch, als müsse sie sich wegen irgendetwas rechtfertigen. Schenke ich dem Gespräch wieder Gehör. „…wir schaffen es auch ohne. Das Allerwichtigste ist, dass ihr nun hier seid. Womöglich habt ihr den Tod erspäht, aber beide lebt ihr. Ihr seid hier und wir sind zusammen."

„Ich bin euer Tod." Ich wende mich um, die Familie in der Mitte des Raumes tut es mir gleich. Gesprochen hat der bärtige Mann, der noch immer mit nach unten gerichtetem Kopf auf dem Sofa sitzt.

„Was redest du denn da?", fragt der Mann in der Mitte. Der Angesprochene seufzt, steht auf und versucht durch Gestikulieren zu betonen, was er anders nicht zu vermitteln können glaubt.

„Nun, vielleicht nicht totbringend wie es ein Panzer ist. Und doch reicht es, um euch langsam dahinzuraffen. Ich bin ein verdammter Schmarotzer, wie ich bei euch wohne, bei euch esse, schon allein dass ihr mir Schutz gebt, einem Christen, dem es trotz diesen ärmlichen Verhältnissen immer noch besser geht als so manchen Moslems da draußen. Wie lange soll das gut gehen?"

„Das ist nicht von Bedeutung. Du gehörst dazu, du bist Teil dieser Familie." Und während der Vater diese Wörter spricht, geht das Mädchen, das sich inzwischen von der Umarmung seiner Eltern getrennt hat, auf den bärtigen Mann zu und überreicht ihm ein Blatt Papier.

„Das habe ich für dich gemalt", sagt sie schüchtern, aber dennoch mit vollster Überzeugung, „frohe Weihnachten!" Auf dem Blatt befindet sich eine Zeichnung, die vermutlich von der Botin selbst stammt und vier minimalistisch gemalte Personen zeigt. Alle vier lachen. Am oberen rechten Rand strahlt hell die Sonne. Auch sie lacht.

Auf einmal empfinde ich eine unermessliche Freude überall um mich herum aufsprießen. Sie durchflutet den Raum, ihre Wellen umströmen mich, als wäre ich ein Fels in einem Gebirgsfluss, dessen Quelle Glück hervorbringt. Und ich bin mittendrin, ebenso wie die Personen auf dem Bild, ebenso wie die Geschöpfe, die sich hier den Raum mit mir teilen. Mein ganzes Leben lang habe ich mein Glück in Arbeitsstelle, Gesundheit oder Reichtum geglaubt, das Glück zu lieben und das Glück geliebt zu werden jedoch erklärt all jene Dinge für nichtig.

Ich verlasse diesen Raum, ich verlasse dieses Land, ich schwinde dahin, denn mein Körper ruft mich zu sich. Zu meinem alten Leben. Zu einem Leben voller unentdecktem Glück.

Ich spucke ihn aus. Den Kern meiner alten Lebenseinstellung. Fast wäre ich an ihm erstickt.

Nun weiß ich.

Leonard Heberlein

Weihnachten aus einer anderen Perspektive

Nach all der harten Arbeit, die wir Nichterdler so zu verrichten haben, habe ich mir eine Pause verdient und möchte sie auf dem Sonderling der Planeten, der Erde, verbringen.

Aber es soll kein normaler Urlaub werden. Da die Erde sonst so langweilig ist, wenn sich alles immer strikt an physikalische Gesetze hält, möchte ich die Zweibeiner erschrecken, indem ich in meiner wahren, glibbrigen Form komme! Also packe ich meine Sachen und mache mich auf den Weg. Das wird ein Spaß werden!

Voller Stolz und Erwartung lasse ich mich bedrohlich von meinem Ufo auf die Erde inmitten der Menge an Zweibeinern beamen. Ein pompöser Auftritt muss nun mal sein. Ich bin mir sicher, das wird sie zu Tode erschrecken! Meine Schadenfreude verklingt aber recht schnell, denn all diese Sauerstoffatmer bemerken mich gar nicht! Stattdessen rennen sie gehetzt mit verpackten Kisten durch die Straßen, schlabbern sich unter Mistelzweigen ab oder beobachten hypnotisiert Lichter, die an Bäumen hängen. Nur die kleinen Zweibeiner, die auf meinem Planeten Zwerglein genannt werden, nähern sich mir, aber meinen nur, dass ihnen mein Kostüm nicht gefalle! Echt respektlos, diese Wesen!

Nun gut, dann genieße ich eben einfach meinen Urlaub hier. Ich streife durch die Straßen und von allen Seiten werden mir Dinge angeboten. Wie großzügig diese Kreaturen doch sind! Und jedes Mal, wenn ich mich bediene und gehe, schreien sie mir hinterher, ich solle bleiben und noch „bezahlen", aber ich bin so höflich und sage: „Nein, danke, ich habe genug probiert!" Dann gehe ich weiter. All dieser Schmuck und diese Lichter. Wie schön! Ich erfreue mich an den leckeren Düften und entnehme den mich umgebenen Informationen, dass es sich hierbei an diesem Ort um ein einmaliges Event handelt. Nach längerem Grübeln habe ich eine Erleuchtung: Dieser Aufwand, dieses Fest... das muss doch alles für mich sein! Also haben sie mich doch bemerkt! Amüsiert von diesen mir unterwürfigen Erdlingen stolziere ich die Straßen entlang und beobachte die Arbeit, die die felllosen Tiere für mich machen. Sie singen mir Lieder und spielen nette Musik. Irritiert bemerke ich aber, dass der Text gar nicht zu mir passt. Ich habe keinen weißen Bart, sage nie „Ho ho ho" und so dick ist mein Bauch doch auch wieder nicht... Auf einmal springt mir von all diesen Schaufensterfiguren ein in rot gekleideter, kugeliger, weißbärtiger Zweibeiner ins Auge. Der sieht ja genauso aus wie in den Liedern beschrieben! Wer ist das?

An mir rennen wieder ein paar Zwerge vorbei und sprechen von einem „Christkindl" und einem „Weihnachtsmann". Ich dachte, es geht um mich? Verwirrt öffne ich die Universalplattform, die für alle Nichtmenschen zugänglich ist: The Dark Net. Obwohl sich da einige Erdlinge einhacken... Meine Suche ergibt, dass heute der 24. Dezember auf der Erde ist. Ein Fest namens „Weihnachten" wird gefeiert. Ich recherchiere weiter. Es hat etwas mit Jesus, Glaube, Kultur und Geschenken zu tun. Aber anscheinend auch etwas mit sozialen Gepflogenheiten. Zweibeiner schenken sich gegenseitig etwas aufgrund des Geburtstages eines anderen Zweibeiners, der schon tot ist. Müsste nicht er die Geschenke bekommen? Und wieso sägen die Erdlinge Bäume ab, nur um sie dann wieder aufzustellen? Erdlinge sind unlogisch und stressen sich an einem Fest der Besinnung viel zu sehr. Da kann ich auf meinem Planeten besser Urlaub machen. Auf nach Hause!

Laura Marzo, Jennifer Mair

Fußballweltmeisterschaft im Winter

Elf Freunde müsst ihr sein!", „Der Ball ist rund und ein Spiel dauert 90 Minuten!" oder „Das Runde muss ins Eckige!" Seit dem Sommermärchen 2006 zählen diese Fußballbegriffe zu meinem Alltag und sind ein wichtiger Teil meines Lebens. Deshalb freute ich mich schon wahnsinnig auf die Fußballweltmeisterschaft in Katar, bei der ich das erste Mal ein WM-Spiel live im Stadion sehen konnte. Das Finale am 18. Dezember 2022. Zusammen mit meiner Familie wollte ich das Finale verfolgen und anschließend Weihnachten zusammen feiern.

Endlich kam ich mit meiner Familie in unserem Hotel an. Das Hotel hatte eine perfekte Lage genau neben dem Stadion, in dem morgen das Finale Deutschland gegen England stattfinden sollte. Nach einem holprigen Start steht „Die Mannschaft" nun im Finale gegen die souveränen „Three Lions". Ich konnte es trotz meinen 22 Jahren vor Anspannung kaum aushalten. „Wird Deutschland gewinnen? Kann unser Toptorschütze vom FC Bayern, Fiete Arp, weiter knipsen?", dachte ich mir die ganze Zeit, bis ich endlich eingeschlafen war.

„Piep, piep, piep, piep." Mein Wecker klingelte. Ich rieb mir die Augen und gähnte kräftig. Ich blickte auf meinen Wecker. Ich konnte es kaum glauben, was ich da erkennen konnte. „Waaaaaaaaaaaaaaaaaaaas?!" Ich zwickte mich um auszuschließen, dass es ein Traum war. „24. Dezember 2026", stand auf meinem Wecker. Völlig mit den Nerven am Ende konnte mir dieses Ereignis meine Mutter auch nicht erklären. „Es ist Weihnachten, aber was soll ich jetzt machen?", dachte ich immer wieder. Auf Rat meiner Mutter, um auf andere Gedanken zu kommen, zog ich mich an und ging durch die Stadt. Um mich nochmals zu vergewissern, fragte ich an der Rezeption, welches Datum wir heute hätten. Die Dame konnte das Datum jedoch nur bestätigen. Anschließend ging ich durch die Lobby, in der viele

Menschen saßen und einen Kaffee tranken, um danach hinaus in die Sonne zu gehen.

Nach wenigen Minuten kam ich in eine Art Fußgängerzone. Überall waren Geschäfte, welche normalerweise Klamotten, Feinkostartikel oder Accessoires verkauften. Zu meiner Überraschung war die Straße komplett leer gefegt. Keine Menschenseele war zu sehen. Es war ein komisches Gefühl so alleine zu sein. Nachdem ich weitergegangen war, bog ich in eine kleine verlassene Seitenstraße ab, wo ich mich auf eine Bank setzte und eine Pause einlegte. „Doch wo bin ich in der letzten Stunde eigentlich hingelaufen?", fragte ich mich. Also checkte ich, wie in der heutigen Zeit üblich, auf meinem Smartphone den Standort. Da erkannte ich, dass ich nur einen kleinen Fußmarsch vom Finalstadion entfernt war.

Nachdem ich „Google Maps" gefolgt bin, sagte eine Stimme zu mir: „Ihr Ziel befindet sich auf der rechten Seite." Als mein Blick schweifte, konnte ich jedoch lediglich ein altes, baufälliges Gebäude erblicken. „Ob diese Ruine das Finalstadion ist", schoss es mir durch den Kopf, als sich plötzlich ein Stein von dem Gebäude löste und nur wenige Zentimeter neben mir auf dem Boden aufschlug. Um meine Zweifel nun endgültig zu beseitigen, ging ich zu einer Informationstafel. Ich konnte lesen, dass das Stadion seit dem Finale nicht mehr genutzt wurde und leer stand. Ich konnte es gar nicht glauben, als ich ein Foto vom Finale auf dieser Tafel sah. Dieses prestigeträchtige, majestätische und moderne Meisterwerk konnte man keineswegs mit dem baufälligen, ruinenartigen und hässlichen Etwas vergleichen, vor welchem ich stand. Ich musste hier weg, dies stand fest!

Also ging ich weiter. Nach einigen hundert Metern sah ich einen Bolzplatz, auf dem einige Kinder Fußball spielten. Ich schaute ihnen zu und konnte die Leidenschaft erkennen, mit welcher die 9 Kinder spielten. Die ungefähr 10-Jährigen spielten gut, jedoch tat es mir in der Seele weh, als ich sah, dass diese nur mit einem uralten Lederball spielten, der sich fast in seine Einzelteile auflöste. Nun bemerkten mich die Kinder und sie hörten auf zu spielen. Dann kam ein Junge auf mich zu und fragte in Englisch, ob ich nicht mitspielen wollte. Ich zögerte keinen Augenblick, als mich ihr „Anführer" einem Team zu teilte. Tor für Tor machte es mir mehr Spaß. Nach einer Stunde legten wir eine Pause ein. In dieser unterhielt ich mich mit den Jungen und war geschockt, was die Fußballspieler sagten.

Sie erzählten mir von den Grausamkeiten vor und nach der Weltmeisterschaft. Sie erzählten mir von Menschen, die während der Bauarbeiten für Infrastruktur und Stadien, aufgrund von menschenunwürdigen Arbeitsverhältnissen in der Hitze, verstarben. Ein Junge tat mir besonders leid. Er verlor seinen Vater im Alter von drei Jahren und konnte sich fast nicht mehr an diesen erinnern. Zudem erzählten mir die Kinder von dem geringen Lohn, den ihre Eltern bekommen, sodass sie oft hungern. Sehr betroffen über die Ereignisse lief ich schnell zum nächsten Kiosk und gab den kleinen Stars als Weihnachtsgeschenk eine Runde Eis aus. Für mich war das Lächeln der Kinder mehr Wert, als jedes Geschenk der Welt. Die Grausamkeiten vergessen, spielten wir dann noch ein wenig Fußball.

Nach zwei Stunden musste ich mich von meinen Freunden verabschieden. Damit ich ein lebenslanges Erinnerungsstück habe, schenkten mir die Kinder ein selbstgemachtes Armband als Abschiedsgeschenk. Nun verließ ich die Kinder, um mit meiner Familie Weihnachten zu feiern. Ich kam zurück auf die Straße, die ich zu Beginn durchquerte. Schließlich musste ich nochmals Stoppen, da ich einen Fernseher in einem Schaufenster erspähen konnte, in welchem eine Liveübertragung aus Zürich lief. Ich konnte einen Mann im schwarzen Anzug, mit einem Umschlag in der Hand erkennen. Er hieß Infantino. Er ist Präsident der FIFA. Er öffnete den Umschlag. Langsam ging der Umschlag immer weiter auf. Man konnte nun unter riesigem Applaus der Zuschauer in weißer Schrift auf schwarzem Grund lesen: „Saudi-Arabien".

Es dämmerte, als ich nun in meinem Hotelzimmer ankam und zusammen mit meiner Mama Weihnachten feierte. Von einem Fenster aus konnte ich auf den Bolzplatz blicken, auf dem ich zusammen mit den Kindern gespielt habe. Es war ein kleines Licht an, sodass die Kinder den Ball erkennen konnten. Nun verschwanden die Kinder. Der Fußball blieb im Licht liegen. Bis das Licht langsam ausging und der Fußball in der Dunkelheit verschwand.

Quirin Gerstberger

Der Abend des Christ

Sonne glitzert auf dem Schnee
Sonne glitzert in der Luft
Zu riechen ist der klar und kühle Duft
Ein Hauch von Orange und Zimt mit eingemischt
Und abends ein Festmahl aufgetischt
Bescheidene Leute feiern so ihr Fest
Sehen in der Messe das Lichtermeer
Fühlen sich frei und gar nicht schwer
Der Retter ward geboren
In dieser Heil'gen Nacht
So wird es in den Geschichten
Zumindest angedacht

Doch das ist ein Traum, zu schön um wahr zu sein
24. Dezember
Kreuz im Kalender
Und zur Abwechslung auch
Um den Hals
Eltern schmücken, Eltern kochen und die Kinder schreien
Berge an Geschenken unter der Tanne stehen
Massen an Spielzeug, die andere nie gesehen
Über die Messe wird gelästert, wie schlecht der Pfarrer war
Der Abend jedoch sei wunderbar
Noch einmal über das Leid der Welt beschweren
Und wie schwer das Leben ist
Das, liebe Leute, ist der
Abend des Jesu Christ

Michael Felten

24. Dezember

Lange hat man auf ihn gewartet
Nun ist er plötzlich da
Heiligabend kam mal wieder schneller als erwartet
So wie eigentlich jedes Jahr

Kaum zu glauben, dass manche immer noch Geschenke brauchen
Und gestresst in die nächsten Geschäfte laufen
Für meine Schwester sollte ich eigentlich auch noch etwas besorgen
Doch das ließ ich bleiben, denn mein Geldbeutel wäre ziemlich klein geworden.

Auch dieses Jahr fällt an Weihnachten kein Schnee
Schaut man aufs Thermometer sieht man zweistellige Plusgrade.
Schaut man nach draußen, sieht man Wiesen voller Klee.
Bei diesen Temperaturen bekomme ich echt Lust auf eine kühle Limonade.

Dann sitzt man in der Kirche und schaut ständig auf die Uhr
Viele denken sich: Wo bleibt denn der Pfarrer nur?
Aus den vorderen Reihen hört man schon kleine Kinder schreien
Die freuen sich wohl schon daheim auf die vielen Leckereien.

Nach gefühlt mehreren Stunden kommt man also endlich nach Haus.
Auf die Bescherung ist man schon richtig gespannt.
Doch zuerst gibt's natürlich einen leckeren Festschmaus.
Aber warte mal, was riecht hier eigentlich so verbrannt?

Die Weihnachtsgans ist komplett verkohlt, was sollen wir jetzt zu uns nehmen?
Ich persönlich könnte auch mit einer Tiefkühlpizza leben.
Na gut, dann müssen wir das Essen wohl auf später verschieben.
Die Freude auf die Geschenke dürfte bei den meisten wohl eh überwiegen.

Also auf zum Christbaum, die Geschenke liegen schon bereit.
Meine Schwester beginnt direkt und schnappt sich das erste Teil
Wenn sie wüsste, dass ich nichts für sie habe, gäbe es wohl schon Streit.
Na hoffentlich bleiben wenigstens alle Kugeln am Baum heil.

So ist Weihnachten doch jedes Jahr, stimmt's oder hab ich Recht?
Vielleicht sollte man das Ganze etwas ruhiger angehen, das wäre doch nicht schlecht.
Man sollte einfach Zeit mit seinen Liebsten verbringen
Und sich selbst keine falsche Weihnachtsstimmung aufzwingen.

Nicole Nitschke

24 Minuten, bis der Bus kommt

Er saß an der Bushaltestelle, richtete seinen roten Schal und dachte über das, was gerade geschehen war, nach. Ein Blick auf die Uhr verriet ihm, dass in 24 Minuten der Bus kommen sollte. In diesem Moment kam ein weiterer Mann an die Bushaltestelle. Bei genauerem Hinsehen bemerkte man, dass er eher bescheiden lebte. Sein müder Blick spiegelte die harte Arbeit, die er hinter sich hatte, wieder. Nach einem skeptischen Blickaustausch blickte der Mann mit dem roten Schal scheu zurück auf sein Handy. Schon rutschte ihm dieses aus der Hand und fiel auf den Boden. „Hier, bitteschön. Das ist aber ein schönes Hintergrundbild!", meinte der Mann mit dem müden Blick, während er das Handy des anderen Mannes aufhob und ihm zurückgab.

„Eine schöne Familie."

„Danke."

„Wieso verbringen Sie Heiligabend denn nicht mit ihnen?"

„Wir haben gestritten."

„Aber Weihnachten ist doch die Zeit des Friedens, wieso streitet man denn gerade am 24. Dezember?"

„Lange Geschichte."

„Ach kommen Sie schon. Wir müssen doch noch so lange gemeinsam auf den Bus warten. Jetzt erzählen Sie mal!"

„Na gut", meinte der Mann. „Meine Großmutter ist vor kurzem gestorben, und jetzt will meine Mutter mir nur einen kleinen Teil des Geldes zukommen lassen; nur weil ich mich nicht um meine Großmutter gekümmert habe, weil ich mit Arbeiten und Geldverdienen beschäftigt war. Dabei verdiene ich doch genauso viel Erbe wie die anderen! Naja, jedenfalls kam es deshalb heute zum Streit in der Familie und jetzt fahre ich in die Stadt und suche eine Bar, um meinen Frust abzubauen."

„Sie machen einen riesigen Fehler; gehen Sie nach Hause und reden Sie mit Ihrer Familie. Vertragen Sie sich mit ihnen", erwiderte der Mann mit dem müden Blick.

„Ach, was wissen Sie schon von solchen Problemen, ich kann das selbst regeln!", antwortete der Mann mit dem roten Schal aufgebracht.

„Lass mich dir erzählen, wie ich an dieser Bushaltestelle gelandet bin", begann der Mann und er duzte sein Gegenüber plötzlich, „ich hatte ein perfektes Leben. Ich hatte eine wundervolle und zudem sehr wohlhabende Familie. Mein Leben hätte der Traum von vielen sein können, doch ich war stets unzufrieden und merkte nie, wie viel ich eigentlich hatte. Die Lust nach immer mehr überfiel mich; ich wurde immer exzessiver und gieriger. Diese Habgier machte mich blind und um an noch mehr Geld zu gelangen, beging ich den größten Fehler meines Lebens und raubte eine Bank aus. Man erwischte mich, woraufhin ich fünf Jahre lang im Gefängnis saß. Als ich herauskam, hatte sich mein Leben für immer verändert. Meine Familie hatte mich enterbt und wollte auch sonst nichts mehr von mir wissen; sie schämten sich schrecklich für mich. Seitdem hat sich mein Leben nicht zum Besseren gewendet. Wegen meinem Gefängnisaufenthalt bekomme ich keine anständige Arbeit mehr, wodurch mir natürlich auch das Geld fehlt. Am schlimmsten ist es jedoch, dass ich meine Familie für immer verloren habe. Die Familie gibt einem Rückenwind, sie stärkt dich und baut dich auf. All das habe ich nicht mehr." Ihm lief eine Träne die Wange hinunter. „Ich wünschte, ich könnte Heiligabend mit meiner Familie feiern; alte Geschichten erzählen und mit ihnen darüber lachen. Aber ich kann die Zeit nicht zurückdrehen. Du hast noch die Möglichkeit, die Situation zu verändern; nutze die Chance. Geh zu deiner Familie und sag ihnen, wie sehr du sie magst. Glaube mir, du willst Weihnachten nicht erschöpft und alleine verbringen wie ich. Geld und Besitz ist nichts wert im Vergleich zu der Liebe von Familie und Freunden."

Der andere Mann wischte sich die Tränen aus dem Gesicht. Die Geschichte des Fremden hatte ihn nachdenklich gemacht, denn auch in seinem Leben spielte Geld eine zu große Rolle, und auch wenn er es nicht unbedingt bemerkte, so vernachlässigte er doch seine Familie dafür.

„Ich danke dir", meinte der Mann. Er blickte dem anderen tief in die müden Augen. Darin war nun so viel mehr als nur Müdigkeit zu sehen. In seinem Blick lagen Trauer, Angst und Wut über sich selbst, doch er konnte jetzt auch Hoffnung darin erkennen; etwas Besonderes.

„Das ist vielleicht etwas plötzlich", stotterte der Mann mit dem roten Schal, „aber möchtest du dich vielleicht mit mir…" In diesem Moment fuhr der Bus vor.

Diana Winter, Célia Debock, Lilith Siewerth

A Weihnachtsgschicht ganz anderer Art
-Bayerische Version-

Anfang der 60er Johr war a Bua grod amoi 14 Johr. Er hatte 8 Volksschulklassen besucht. Obwohl er nicht dumm war, war er net der beste Schüler. Er hat hoit lieba Dummheiten gmacht, wia aufm First vom Schulhaus balanciert, oiwei „he, he" gschrien, dass'n ja olle gseng ham, wenn er vom 2. Stock im Schulhaus aus'm Fenster mit Tarzanschrei in den Kastanienbam gschprunga is, anstatt zu lerna und seine Hausaufgab' z'macha.

Wia eam dann nach der 8. Klass' der Hauptschullehrer ois Letzten sei Zeignis gehm hot, hot der zu eam gsagt: „Do, Bua, do host dei Zeignis, do host bis aufn Sport mit am Oansa lauter Dreier und Vierer. Eigentlich hättst Fünfer und Sechser, aber koana von de Lehrer woit di no a Johr länger dobhoitn."

Ois dann der Stiafvadda – der den Buam gor net meng hot und mehr gschlong ois globt hot – des Zeignis gseng hot, da war er der Meinung: „Mit so am Zeignis konnst höchst'ns ois Bauernknecht arbeit'n." Und glei am nächsten Dog is er mit dem Buam aufs Klosterguat gfahrn und hot dort an Lehrvertrog zum Landwirtschaftsghilf'n unterschrieben. Und am Tog drauf, Sonntag wars, hat er d' Muada vom Buam alle Sachan zambagga lass'n. Dann hot er den Buam ohne no a bisserl Ferien am Guatshof abgehm. Zum Buam hot er no gsagt, wias grod koaner ghört hat: „So, do host dei Schlaffa und Fress'n und sehn möcht i di nimmer." Es hot a nix gnutzt ghabt, dass d'Muada recht gwoant hot, wia er den Buam so schnell wegbrocht hot.

Da Bua allerdings is auf dem Klosterguat vom Verwoiter und de Klosterschwestern recht guat aufg'nomma worn. Drei oitdeitsche Schäferhund warn am Hof. Die warn scho nach drei Dog seine best'n Freinderl. Buidog foahrn hot er a derft und ansonstn hot er hoit im Stoi und aufm Feld mitgarbeitet, was ihm auch gfalln hat. Vor allem weil er für sei Arbeit recht oft globt worn is.

A in der Berufschui war er auf oamoi guat und is aa do recht oft globt worn. Doch dann kam der Winter und recht vui Schnee und Kältn. Als dann der Weihnachtsdog do war, hom eam die Klosterschwestern Urlaub gehm bis Liachtmess. Er hot aa a Weihnachtsgschenk griagt: a Schal, a Zipfimützn und Blatzl warns. Des hot an Buam recht gfreit, denn Handschua hot er von der mitleidigen Frau vom Hofknecht scho gschenkt griagt. Doch Zipfimützn und Schal ham no g'fehlt. Da Bua hot si recht warm ozogn, denn es hot woih 20 Grod minus ghabt. So ausgstattet is er dann auf sei Radl gstieng und hot si auf den rund 10 km langa Weg gmacht. Zu dem eisigen Wind, der dagegn komma is, war aa no a stark's Schneetreibn. Der Schnee hot'n im Gsicht gnodelt. Es war aa kaam wos zum seng. Braucht hot der Bua für seine 10 km ca. 3 Stund, denn er woid abkürz'n und is über die Feldweg' gfahrn. Doch durch die Buidogspurn is er hoit immer wieder vom Radl gfoin. Streckenweis is er nur mit'm Schiam weiter kumma. Trotz seim bösn Stiafvadda hot er sich aufs Hoamkumma recht gfreit. Er wollt glei seim Stiafvadda erzähln, dass'n Schwestern und der Verwoiter sehr lobn und mit eahm wirklich zfriedn san. Und dass er in der Berufschui jetzt oaner von de Bessern is. Wia er dann die erstn Dorflampn gseng hat, war er recht froh. Nach weitern 10 Minuten war er dann dahoam. Nachdem er sei Radl in den Hof gschom hat, hat er dann a zeitlang an der hoib zuag-schneidn Haustür klopft. Ois si nix grührt hot, is er durchn tiafn Schnee übern Garten ans Wohnzimmerfenster und hot dort ans Fenster klopft. Dann is er wieda vor zur Haustür. Nach a paar Minuten is d' Hoflampn oganga und es is aufgsperrt worn und der Stiafvadda steht in der Tür. Der spreizt die Arm links und rechts in den Haustürrahmen und sagt: „Wo's willst denn du da?" „Ja, Urlaub hob i, hoam möcht i hoit". Da sagt der Stiafvadda:

„Du kummst ma do net rei. Schau dast di fortschleichst, wost herkumma bist!"

Wia der Bua eam dann gschwind unter die Arm durchschlupfa woit, damit er doch ins Haus kummt, hot'n der Stiafvadda in Schwitzkastn gnumma, dann hot er'n an die Hoor packt, dass die neie Zipfikapn blos so in Schnee nei gflogn is. Und hot den Buam am Knack packt und hodn in Schnee naus gschmissn, d'Haustür wieder zug'sperrt und s Hoflicht ausgmacht. Da Bua is in der Eiskältn im Schnee ghockt und hot fürchterlich gwoant. Doch dann hot er sei Zipfimützn g'suacht, hot's aufg'setzt und hot no a ganze Weile aufs Elternhaus g'schaut. No moi ums Haus geh, am Fenster klopfn und ums Einlassn bettln, da war der Bua zu stolz! Er hot sei Radl auf'd Straß gschom, hot no amoi aufs Elternhaus g'schaut. Do hot er ganz leise woanad vor sich hie g'sagt: „Jetzt hob i neamt mehr, i kehr nirgerts mehr hie, wo i doch jetzt scho vui besser worn bin." Dann hot er sich aufs Radl g'setzt und is wieder Richtung Gutshof gfahrn.

Er hot mit Rückenwind nur 2 Stund'n braucht. Aber gwoant hot er bis er wieder am Gutshof war. Er hot dann seine Hund pfiffn, damit's net belln. Denn er woit auf koan Foil g'seng wern, er hot si ja so g'schaamt, weil er dahoam nausgschmissn worn is. Sei Radl hot er in der hinterst'n Eck unterm Stroh im Stadl versteckt. Er ist dann zum Kuastall vorganga und hot dabei am Schwesternhaus vorbei miassn. Wie er dann do a Weihnachtslied ghört hot, is er zum Fenster und hot durch an Spoit zwisch'n de Fensterlad'n durchgschaut. Do hot er den scheena groß'n Christbam mit vui Schmuck und echte brennerte Kerz'n gsehn. An die sechs Schwestern san um den Christbam rumgsess'n und ham „Oh du fröhliche" gsunga und san von oana Schwester auf der Gitarrn begleitet worn. Der Bua war von dem schöna Bam und dem wunderscheena Singa so ergriffa, dass er wieder ganz fürchterlich gwoant hot. Da is er dann do gstandn, hot gwoant und „O du fröhliche" mitgsunga, bis as Liedl gor war. Dann hot er si umdraht und hinter eam is sei Lieblingshund gstandn und hotn mit große Augn ogschaut, als woit er'n frogn: „Na wos is denn mit dir los?"

Der Bua hot sein Hund gstreichelt und hot eam gsagt: „Ja woast, dahom hot mi der Stiafvadda nausgschmissn und zu de Schwestern trau i mi net nei, i hob eigentlich blos no eich 3 Hunderl." Dann is er mit seim Hund zum Saustall ganga, denn er hot seit Mittag nix mehr zum Essen ghabt. Im Saustall wars gegen drauß recht warm und für d'Sau san alle Dog Kartoffl dämpft worn. Von dene no warma Kartoffl hot der Bua stuckera 10ne verdruckt, dann is er no in Kuastall ins Millikammerl und hot dort mit am Schöpflöffi Muich trunka. Jetz is er müad worn. Doch auf sei Zimmer geh'n wollt und konnt er net, denn d'Haustür war zuagsperrt. So hot er si anders bsinna miassn. Vorm Kuastall war a ausladendes Schleppdach und do war vui Stroh drunter gschlicht. In dem Haufa Stroh ham seine drei Hunderl a gemeinsame Höhle zum Schlafa ghabt. Do is der Bua neigraxlt und hot si zu de 2 Hund higlegt. Sei Lieblingshund, de Jessica, hot si dann no ganz eng vor eam higlegt, so dass da Bua wirkli warm ghabt hot. Er is dann a boid eigschlaffa. Er hot dann tramt vom Christbam und de Schwestern, di do singa und wias dann ganz hell wird im Zimmer und as Christkindl auf oamoi vorm Christbam gstandn is. Es hot genau zum Buam gschaut, der ja am Fenster gstandn is und gsagt hots: „Ja Bua, warum gehst net rei zu de Schwestern, di meng di doch, geh rei wo's doch do drauß so koit is."

In da Früh, es war no dunkel draußn, is der Bua aufgwacht und eam hot's bissn am ganzen Körper. Der Bua hot kratzt und kratzt und is schließlich aus der Hundstrohhöhle nauskraxlt. Im Stoi hot scho a Liacht brennt. Da warn d'Schwestern scho am Kia möka. Der Bua is in Stoi, hot Mistgobi gnumma und hot as Ausmisten ogfangt. Wia dann oane von de drei Stoischwestern g'seng hot, is glei hi zu eam. „Ja Bua, wos tust denn du do, du host doch Urlaub bis Liachtmess, und wia schaust denn aus, host lauter rote Pickl im Gsicht und an de Händ. Jo sog, wos is los mit dir?" Do sagt der Bua ganz zornig: „I mog koan Urlaub mehr!" D'Schwester nomai: „Was ist denn los mit dir?" Der Bua no lauter „I mog koan Urlaub mehr". Dann hot d'Schwester ganz seltsam g'schaut und a Ruah gehm. Beim Frühstück dann warn alle Schwestern überhöflich, jede hot gfragt, ob er net des Hörndl oder von dera Marmelad lieber wos hätt. Und alle hams gwart, dass er wos sogt. Und wia's der Bua gor nimmer ausghoitn hot, hot er schnell no a Brezn mitgnumma und is davo auf sei Zimmer und hot si eigsperrt. Im Spiagl hot er si dann as erst moi g'segn, wie er ausschaut. Di rotn Pickl überoi, ja des warn de Hundsflöh. Oaner nebern anderm. Der Bua hot si dann auszogn und am Waschbecken im Zimmer gwaschn, so guat, wias hoit ganga is. Dann hot er si ins Bett glegt. Er is a eing'schlaffa und hot dann mittn am Nachmittag fast des gleiche tramt wia scho in der Hundehöhle. Dann is er aufgschreckt, weil jemand an der Tür klopft hot. Als der Bua dann aufgmacht hot, is sei Bruada draus g'standn. Der hot si, wias Schneetreibn aufg'hört hot, auf Dränga von da Mutta aufs Radl g'setzt, um nachzuschaun, warum der Bua Weihnachten net hoam kumma is.

Der Bua hot seim Bruada di ganze G'schicht erzählt, a wian der Stiafvadda in eiskoitn Schnee nausg'schmissn hot. Do hot a da Bruada feichte Augen kriegt und hot erklärt: „Wia d'Mutta den Stiafvadda gfrogt hat, wer denn am Fenster klopft hätt, hat er nur g'sagt, des war a Bettler, den hob i weiter g'schickt."

Der Bruder und der Bua beschlossen noch, wenn sie groß seien, dann haun se den Stiafvadda davo, ja sie schmeiß nan einfach raus. Der Bua hot dann seim Bruda boam Wegfahrn vom Fenster aus no nochgschaut und wie der am Schwesternhaus vorbei is, geht die Tür auf und Schwester Agnes is eam nochglaufa. Er hot g'hoitn und sie ham länger mitanander gred. Und unterm Redn hat d'Schwester Agnes immer wieder die rechte Hand ghom und der Bua hat so richtig des Gfui g'habt, sie sagt: Na so was, na so was. Dabei hat sie ganz entsetzt g'schaut.

Abends dann im Stoi san die drei Stoischwestern mit der Schwester Agnes zum Bua kumma, oane nach der anderen hot den Bua umarmt. G'sagt hat dann die Schwester Agnes: „So, Bua, heit omds feiern ma no amoi Weihnachten, nur mit dir!" Der Bua war zwar recht verdutzt, aber obends zum Weihnachtfeiern war er dann recht pünktlich.

Und es war so, wie er's tramt hot, mit dem schöna Christbam und die wunderscheena Weihnachtsliada. Da Bua hot sogar g'moant, as Christkindl zum seng. Und dann sans alle kumma, zuerst der Knecht mit Frau und Kinder, dann a der Verwoiter mit Familie. Und alle hams Geschenke mitbracht, so vui, dass da Bua die gor nimmer alloans auf sei Zimmer hot drong kenna. D'Schwestern hom eam dann g'huifa. Und so is des Weihnachten für den Buam doch no so worn, wie mas für alle Kinder wünschn möcht.

Walter Sander
(mit 69 Jahren der älteste Teilnehmer des Wettbewerbs)

Eine Weihnachtsgeschichte ganz anderer Art
-Hochdeutsche Version-

Anfang der 60er Jahre war ein Bub gerade einmal vierzehn Jahre alt. Er hatte acht Volksschulklassen besucht. Obwohl er nicht dumm war, war er nicht der beste Schüler. Er machte eben lieber Dummheiten. Einmal balancierte er auf dem First vom Schulhaus und ein anderes Mal rief er laut „he, he", damit ihm ja alle zuschauten, als er vom 2. Stock des Schulhauses mit Tarzanschrei aus dem Fenster in den Kastanienbaum sprang, anstatt zu lernen oder seine Hausaufgaben zu machen.

Als ihm nach der 8. Klasse der Hauptlehrer als letztem Schüler das Zeugnis gab – in dieser Zeit absolvierte man nach insgesamt acht Schuljahren die Volksschule –, sagte er: „Bub, da hast du dein Zeugnis. Du hast bis auf Sport mit einem Einser lauter Dreier und Vierer. Eigentlich hättest du Fünfer und Sechser bekommen, aber keiner von den Lehrern wollte dich noch ein Jahr länger behalten."

Als dann sein Stiefvater das Zeugnis sah, der den Buben gar nicht mochte und ihn mehr schlug als lobte, da war er der Meinung: „Mit so einem Zeugnis kannst du höchstens als Bauernknecht arbeiten." Und gleich am nächsten Tag fuhr er mit dem Jungen auf das Klostergut und unterschrieb dort für ihn einen Lehrvertrag zum Landwirtschaftsgehilfen.

Am Tag darauf, es war an einem Sonntag, ließ er die Mutter des Buben alle nötigen Sachen zusammenpacken, um ihn so schnell wie möglich los zu werden. Obwohl die Mutter recht weinte, weil er den Bub so schnell wegbrachte, ließ auch das den Stiefvater kalt. So brachte er den Bub, ohne ihm auch nur ein paar Ferientage zu gönnen, zum Gutshof und gab ihn dort ab. Er sagte nur noch zu ihm, als es gerade keiner hören konnte: „So, hier hast du jetzt dein Schlafen und Fressen und sehen möchte ich dich nicht mehr."

Der Junge allerdings wurde auf dem Klostergut vom Verwalter und den Klosterschwestern recht gut aufgenommen. Auf dem Gut waren auch drei Altdeutsche Schäferhunde. Sie waren schon nach drei Tagen seine besten Freunde. Er durfte Bulldog fahren und arbeitete ansonsten im Stall und auf dem Feld mit, was ihm gefiel, besonders, weil er für seine Arbeit recht gelobt wurde. Auch in der Berufsschule war er auf einmal recht gut und wurde für seine Leistungen oft sehr gelobt.

Nun zog der Winter ins Land mit sehr viel Schnee und Kälte. Als dann Weihnachten da war, gaben ihm die Klosterschwestern bis Mariä Lichtmess Urlaub. Er bekam auch ein Weihnachtsgeschenk: einen Schal, eine Zipfelmütze und Plätzchen. Wie freute das den Jungen zusammen mit den warmherzigen Worten seitens der Schwestern. Die Freude war riesengroß, als er auch noch von der Frau des Hofknechtes Handschuhe geschenkt bekam, denn gerade eine warme Mütze und ein Schal fehlten ihm für den kalten Winter.

So zog sich der Bub recht warm an. Draußen hatte es wohl zwanzig Minusgrade. Warm ausgestattet, stieg er dann auf sein Rad und machte sich auf den rund zehn Kilometer langen Weg nach Hause. Zu dem eisigen Wind, der ihm entgegenkam, war auch noch ein starkes Schneetreiben. Schneegestöber nadelte sein Gesicht. Es war auch kaum etwas zu sehen. So brauchte der Junge für seinen Heimweg etwa drei Stunden, obwohl er abkürzen wollte und über die Feldwege fuhr. Durch die tiefen Bulldogspuren fiel er immer wieder vom Rad in die tiefen Schneewehen. Streckenweise kam er nur weiter, indem er sein Rad schob.

Trotz seines bösen Stiefvaters freute er sich sehr auf das Heimkommen.

Er stellte sich vor, gleich seinem Stiefvater erzählen zu können, wie wohl jetzt die Schwestern und der Verwalter mit ihm zufrieden sind und wie sehr sie ihn dafür lobten. Und ebenso ist er in der Berufsschule jetzt einer der Besten. Nun wird auch sein Stiefvater auf ihn stolz sein.

Als er die ersten Dorflampen sehen konnte, war er recht froh. Nach weiteren zehn Minuten war er dann endlich daheim. Nachdem er sein Fahrrad in den Hof geschoben hatte, klopfte er mehrmals an der halb zugeschneiten Haustüre. Als sich nichts rührte, stapfte er durch den tiefen Schnee über den Garten zum Wohnzimmerfenster und klopfte dort an. Wieder nichts. Sodann stapfte er nochmals zur Haustür. Nach ein paar Minuten ging endlich die Hoflampe an und es wurde aufgesperrt.

Es stand sein Stiefvater in der Tür. Der spreizte die Arme links und rechts in den Haustürrahmen und fragte: „Was willst denn du da?" „Ja Urlaub hab' ich, heim möchte ich halt." Darauf erwiderte der Stiefvater: „Du kommst mir da nicht rein. Schau, dass du dich wieder fortschleichst, woher du gekommen bist!" Als der Bub ihm dann geschwind unter den Armen durchschlüpfen wollte, damit er doch ins Haus kommen konnte, nahm ihn der Stiefvater in den Schwitzkasten und packte ihn an den Haaren, dass die neue Zipfelmütze nur noch in den Schnee flog. Er griff dem Jungen ins Genick und schmiss ihn in den hohen Schnee hinaus, sperrte die Haustüre wieder zu und das Hoflicht ging aus.

Der Junge hockte Mutterseelen allein im Schnee in der Eiseskälte und weinte fürchterlich. Irgendwann suchte er seine Zipfelmütze, klopfte aus ihr den Schnee heraus, setzte sie sich auf und schaute noch eine ganze Weile aufs Elternhaus. Noch einmal um das Haus zu gehen, am Fenster klopfen und um Einlass betteln, da war der Bub zu stolz!

Er schob sein Fahrrad auf die Straße, schaute noch einmal aufs Elternhaus. Dabei sagte er nun ganz leise weinend vor sich hin: „Jetzt habe ich niemanden mehr, ich gehöre nirgendwo mehr hin, obwohl ich doch schon viel besser geworden bin." Dann setzte er sich auf sein Fahrrad und fuhr wieder in Richtung Gutshof. Er brauchte mit Rückenwind nur zwei Stunden. Aber geweint hat er, bis er wieder am Gutshof war.

Er pfiff dann seinen Hunden, damit sie nicht bellten. Er wollte auf keinen Fall gesehen werden. Er schämte sich ja so, weil er daheim hinausgeworfen wurde. Sein Rad versteckte er in der hintersten Scheunenecke unter dem Stroh. Er ging dann vor zum Kuhstall und musste auf diesem Weg am Schwesternhaus vorbei. Als er dort ein Weihnachtslied hörte, ging er auf das Fenster zu und schaute durch den Spalt zwischen den Fensterläden. Er erblickte einen schönen, großen Christbaum mit viel Schmuck und brennenden Kerzen aus Bienenwachs. Etwa sechs Schwestern saßen um den Christbaum herum und sangen: „O du fröhliche ...“. Von einer Schwester wurde das Lied mit der Gitarre begleitet. Dann drehte er sich um. Hinter ihm stand sein Lieblingshund. Der schaute ihn mit großen Augen an, als wollte er fragen:

„Na, was ist denn mit dir los?“ Der Bub streichelte seinen Hund und sagte zu ihm: „Ja weißt du, daheim hat mich der Stiefvater hinausgeschmissen und zu den Schwestern traue ich mich nicht hinein, ich habe eigentlich bloß noch euch drei lieben Hunde.“ Dann ging er mit seinem Hund zum Schweinestall, denn er hatte seit Mittag nichts mehr zum Essen gehabt.

Im Stall war es im Vergleich zu draußen recht warm und für die Schweine wurden jeden Tag Kartoffeln gedämpft. Von den noch warmen Kartoffeln verdrückte der Bub an die zehn Stück. Dann ging er noch in die Milchkammer und trank dort aus einem Schöpflöffel Milch. Jetzt überfiel ihn die Müdigkeit. Nur auf sein Zimmer konnte er nicht gehen, denn die Haustüre war verriegelt. So musste er sich anders besinnen.

Vor dem Kuhstall war ein ausladendes Schleppdach und darunter war viel Stroh geschlichtet. In dem Strohhaufen hatten seine drei Hunde eine gemeinsame Höhle zum Schlafen. Da hinein kletterte der Junge zu den beiden Hunden, die bereits schliefen. Sein Lieblingshund, die Jessica, legte sich dann ganz eng zu ihm hin, sodass es nun der Bub zusammen mit den Hunden recht warm hatte. Er schlief dann auch bald ein.

Er träumte vom Christbaum und den musizierenden Schwestern, wie es dann hell wird im Zimmer und wie auf einmal das Christkind vor dem Christbaum stand. Es richtete seinen Blick genau auf den Bub, der vor dem Fenster stand und er hörte es zu ihm sprechen: „Ja Bub, warum gehst du denn nicht zu den Schwestern hinein, die mögen dich doch so gern, geh rein, wo es doch draußen so kalt ist."

In der Frühe, es war draußen noch dunkel, wachte der Bub auf und er fror am ganzen Körper. Er kratzte und kratzte sich und kroch schließlich aus der Hundestrohhöhle heraus. Im Stall brannte das Licht. Die Schwestern waren schon beim Melken der Kühe. Entschlossen ging der Bub in den Stall, nahm die Mistgabel und begann mit dem Ausmisten.

Als ihn dann eine der drei Schwestern sah, lief sie gleich auf ihn zu und fragte bekümmert: „Ja Bub, was tust du denn da, du hast doch bis Lichtmess Urlaub und wie schaust du denn aus? Hast lauter rote Pickel im Gesicht und an den Händen. Sag nur, was ist los mit dir?" Da erwidert der Bub ganz zornig: „Ich mag keinen Urlaub mehr!" Die Schwester noch einmal: „Was ist denn los mit dir?" Der Bub noch lauter: „Ich mag keinen Urlaub mehr!" Daraufhin schaute die Schwester ganz seltsam und wandte sich ab.

Später beim Frühstück waren alle Schwestern überhöflich, jede fragte, ob er lieber etwas vom Hörndl oder von der Marmelade wollte. Angespannt warteten sie darauf, dass er nun endlich zu reden beginnen würde. Und als es der Bub schon gar nicht mehr aushielt, weil er es ganz genau spürte, dass sie wissen wollten, was sich zugetragen hatte, nahm sich der Junge schnell noch eine Breze und lief auf sein Zimmer, wo er sich einsperrte.

Im Spiegel sah er dann sein Gesicht mit roten Pickeln übersät. Ein Stich neben dem anderen. Das waren die Hundeflöhe. Der Bub zog sich dann aus und wusch sich am Waschbecken im Zimmer, so gut wie es ihm möglich war. Er legte sich dann ins

Bett. Er schlief ein und mitten am Nachmittag träumte er fast das Gleiche wie schon in der Hundehöhle.

Dann schreckte er auf, weil jemand an der Tür anklopfte. Als der Bub aufmachte, stand sein Zwillingsbruder draußen. Dieser hatte sich, nachdem das Schneetreiben aufgehört hatte, auf das Drängen der Mutter hin auf's Fahrrad gesetzt, um nachzuschauen, warum sein Bruder zum Weihnachtsabend nicht heimkam.

Der Bub erzählte seinem Bruder die ganze Geschichte, auch wie der Stiefvater ihn in den eiskalten Schnee hinauswarf. Da bekam sein Bruder feuchte Augen und erklärte: „Als die Mutter den Stiefvater fragte, wer denn am Fenster geklopft hätte, sagte er nur, es wäre ein Bettler da gewesen, den er weitergeschickt hätte." Die Brüder beschlossen, wenn sie groß sind, dann hauen sie den Stiefvater davon, ja sie schmeißen ihn dann einfach raus!

Der Bub schaute seinem Bruder beim Wegfahren vom Fenster aus noch nach und als er gerade am Schwesternhaus vorbei radelte, ging die Tür auf, Schwester Agnes kam heraus und lief ihm nach. Sein Bruder hielt an und sie redeten länger miteinander. Während der Unterhaltung beobachtete der Bub, wie Schwester Agnes immer wieder die rechte Hand anhob und der Bub hatte so richtig das Gefühl, dass sie damit ausdrückte: „Na sowas, na sowas." Dabei schaute sie ganz entsetzt und schüttelte immer wieder ihren Kopf nach der Weise: „Das gibt's doch gar nicht. Ist doch unmöglich. Unglaublich!"

Abends im Stall kamen die drei Stallschwestern zusammen mit Schwester Agnes zum Buben und eine nach der anderen umarmte ihn. Schwester Agnes sagte dann: „Bub, heute Abend feiern wir noch einmal Weihnachten, nur mit dir!" Der Bub war zwar recht verdutzt, kam aber abends zum Feiern der Weihnacht ganz pünktlich wie vereinbart.

Es war genau so, wie er vom schönen Christbaum und den wunderschönen Weihnachtsliedern geträumt hatte und der Bub meinte sogar, das Christkind gesehen zu haben. Alle sind sie gekommen: die Schwestern, der Knecht mit Frau und Kindern und der Verwalter mit Familie. Sie alle brachten Geschenke mit, so viele, dass sie der Bub gar nicht mehr allein auf sein Zimmer mitnehmen konnte. Die Schwestern halfen ihm dann dabei und brachten sie auf sein Zimmer.

Auf diese Weise wurde Weihnachten für den Buben doch noch so, wie wir es für alle Kinder wünschen möchten.

Walter Sander
(mit 69 Jahren der älteste Teilnehmer des Wettbewerbs)

Ein Brief

i,

ich weiß, es sind jetzt schon genau drei Jahre, seit ich das letzte Mal geschrieben hab. Aber ich konnte danach einfach nicht mehr. Sie hat getan, was eigentlich keiner vermutet hätte. Papa und ich dachten, dass die Medikamente helfen würden und die Arztbesuche auch nicht völlig umsonst waren. Uns war klar, dass sie es nicht einfach hat im Leben. Uns war klar, dass es zu Rückfällen kommen kann. Und uns war auch klar, dass sie unsere Unterstützung in der Sache brauchte, aber wir waren der Ansicht, dass sie stabil sei und uns das nicht antun würde. Wir hatten ja keine Ahnung, wie schlecht es um sie stand. Und dann auch noch direkt an Weihnachten, am Fest der Liebe, an welchem die ganze Familie sich trifft und zusammen feiert. Wir hatten in diesem Jahr vereinbart, uns nichts gegenseitig zu schenken, um nicht in einen solchen Stress zu verfallen und den 24. Dezember mal wieder als Familie in Ruhe und Geborgenheit zu verbringen. Denn all diese Werte, die jenen Tag eigentlich so besonders machen sollten, waren mit der Zeit verloren gegangen. Ich stand damals um elf auf, frühstückte und spielte ein wenig am PC. Um sieben wurde gegessen: Mama, Papa und ich. Es gab Raclette und meine Eltern tranken eine Flasche Rotwein. Um 22 Uhr ging ich mit meinem Vater in die Christmette, so wie jedes Jahr. Er stellte sich zusammen mit meinem Opa nach hinten rechts, während ich zusammen mit ein paar Kumpels auf die Empore hinaufspazierte. Es war ein schöner Abend gewesen.

Noch in derselben Nacht klingelte es an der Haustür. Papa hatte mir später erzählt, er wusste schon, was passiert war, als er aufgewacht war und Mama nicht wie gewohnt neben ihm lag. An die nächsten Stunden erinnere ich mich kaum noch. Es fühlt sich an, als läge alles hinter einer dicken Nebelwand verborgen. Die Polizei war gekommen. Zwei Kommissare saßen zusammen mit meinem Vater, der Tränen in den Augen hatte, am Esstisch, an dem wir Stunden zuvor noch gegessen hatten. Danach ist alles sehr verschwommen.

Die nächsten Jahre waren nicht gerade einfach. Ich konnte mit dem Schmerz nicht wirklich umgehen, ertrank ihn in Alkohol, setzte ein „Fake-Lächeln" auf und redete mir selbst immer wieder ein, dass alles in Ordnung sei, was es natürlich nicht im Geringsten war. Aber ich wollte auch nicht meine Umgebung und Freunde beunruhigen und darüber reden. Diese Masche aufrecht zu erhalten und jedem vorzuspielen, dass alles ausgezeichnet sei und sich keiner Sorgen machen müsste, erhielt ich sehr lange aufrecht, auch wenn es viel Kraft kostete. Bis vor circa einem Jahr hat es auch geklappt und dann wurde es zu viel. Unter viel Alkoholeinfluss, der mir wahrscheinlich erst dazu half, diese imaginäre Grenze in meinem Kopf zu durchbrechen, brach ich in Tränen aus und teilte meine Ängste und Sorgen. Dieses Gefühl der Freiheit machte sich sofort in meinen Gedanken breit. Es tat gut, verdammt gut, sich geöffnet zu haben.

Letztendlich hat das dann dazu geführt, dass mein Vater mich zum Psychologen schickte. Er ist auch der Grund dafür, warum ich wieder angefangen habe zu schreiben. Er meinte, dadurch würde ich wieder zu meinem alten Ich zurückfinden und hoffentlich endlich mit Mama abschließen können.

Gezeichnet: N.N.

Franz Winkelmeyer

Das beste Geschenk

Die Weihnachtskäufe sind oft schwer
Hektisch rennt man hin und her
Sucht nach passenden Geschenken
Muss dabei an jeden denken
Mutter, Vater, Tochter, Sohn
Hast du die Geschenke schon?
Wie kann man den Hund, den Treuen
Denn zu Weihnachten erfreuen?
Doch eines, das ist ganz, ganz wichtig
Die Geschenke, die sind nichtig
Denn sie sind nicht das Beste, nein
Das Schönste ist das Beisammensein

Linnéa Mehling

Zeichnung von Jacqueline Hitér

Ein chaotischer Weihnachtsabend

Heut' ist Weihnachten, ich freu mich schon sehr,
die ganze Straße erstrahlt im Weihnachtsflair.
Die Mutter kocht ein feines Essen.
„Oh nein!", das Backpulver hat sie vergessen.
Der Kuchen bleibt nun leider sitzen,
die Mutter ist schon doll am Schwitzen.

Der Vater kümmert sich ums Licht,
„Das wird super!", er ist schon ganz erpicht.
Auf dem Dach steht er, die Lichterkette unterm Arm,
der Halt ist nicht gut, er rutscht aus und fällt, die Oma schlägt
Alarm.
Kein schönes Weihnachten für meinen Vater,
er liegt auf der Couch, neben ihm der Kater.

Mein Bruder hängt die letzte Kugel an den Baum,
um ihn danach zufrieden zu bestaunen.
Er dreht sich um, wir sehen das Unglück nahen,
die Lichterkette hängt noch an seinen Armen.
Er merkt es nicht und es ist zu spät,
der schöne Baum zu Boden geht.

Unter dem Esstisch hört man es plötzlich schmatzen,
es gucken hervor des kleinen Brunos Tatzen.
Der Hund hat sich die Ente geklaut
und damit nun auch das Essen versaut.
Er kommt unterm Tisch hervor und ist sich keiner Schuld be-
wusst,
man kann ihm nicht böse sein, er hat's ja nicht besser gewusst.

Nun sitzen wir alle am Tisch und spielen Karten,
Bruno liegt mit vollem Bauch in unserem Garten.
Wir stopfen uns mit Knödeln und Soße voll,
die Beilagen schmecken wirklich toll.
Was für ein chaotischer Weihnachtsabend,
aber anders wollt' ich ihn gar nicht haben.

Julian Gruner

Ein ruhiges und besinnliches Weihnachtsfest

„Huiiii!" ruft Miriam, als sie gerade mit dem Schlitten den Hang hinunterrutscht. Ihre Mutter steht zusammen mit anderen Eltern am Rand der Schlittenbahn und unterhält sich. „Wir müssen jetzt leider weg, aber ich wünsche euch noch fröhliche Weihnachten. Miriam, komm jetzt! Wir müssen noch etwas zu Essen einkaufen, bevor die Geschäfte zumachen." Nachdem sie mit schnellen Schritten nach Hause gegangen sind, muss Miriam noch die Schlitten aufräumen, bevor sie gleich wieder starten.

„Miriam, hast du meinen Autoschlüssel gesehen? Wenn wir den jetzt nicht finden, können wir das mit dem Einkaufen vergessen!" Hektisch suchen die beiden und nachdem sämtliche Jackentaschen und Regale abgesucht sind, findet sich der Schlüssel schließlich von außen an der Wohnungstür.

Zwanzig Minuten später schieben sich die beiden zusammen mit vielen anderen durch die eng beieinanderstehenden Regale. Jeder hat noch irgendetwas vor den Feiertagen zu besorgen. Auch vor der Kasse hat sich mittlerweile eine ganz schön lange Schlange gebildet. Plötzlich geht gar nichts mehr vorwärts und es entsteht eine genervte Unruhe. Auf Nachfrage schimpft der Mann vor den beiden: „Der Alten da vorne fehlen ZEHN Cent...!" Nach kurzem Überlegen schickt die Mutter Miriam mit 10 Cent zu der alten Dame und es geht endlich weiter. Dann sind auch Miriam und ihre Mutter an der Reihe und laden, nachdem sie gezahlt haben, alles schnell ins Auto. Auf den Straßen ist genauso viel los wie im Supermarkt - überall Stau.

Endlich zu Hause angekommen, soll sich Miriam noch schnell ihr hübsches Kleid anziehen, schließlich ist heute Heiligabend. Da Mutter und Tochter durch den Stau und die lange Schlange an der Kasse viel Zeit verloren haben, geht das Krippenspiel in ein paar Minuten los. Die passende Strumpfhose zu Miriams Kleid hat natürlich auch noch ein Loch, ihre Mutter ist komplett entnervt. Eine Neue wird schnell aus dem Schrank gesucht, dann können die beiden endlich aufbrechen.

In der Kirche angekommen, ist das Krippenspiel schon fast vorbei. Sie schauen sich trotzdem das restliche Stück an und singen gemeinsam noch ein Weihnachtslied: „Stil – le Nacht, heilige Nacht, al – les schläft, einsam wacht, …"

Sie singen schön, und so langsam kommt Weihnachtsstimmung auf. Doch die letzten Töne sind noch nicht ganz verklungen, da sind schon die ersten auf dem Weg nach draußen. Die Glocken läuten und damit ist der Gottesdienst vorbei. Auch Miriam und ihre Mutter verlassen die Kirche. Während Miriams Mutter mit einer Freundin noch kurz ein paar Worte wechselt, und sie sich „Frohe Weihnachten" wünschen, zieht Miriam ihre Mutter schon an der Hand in Richtung Auto. Sie hat es eilig, denn nach dem Krippenspiel bekommt sie immer ihre Geschenke. Kurze Zeit später kommen sie in ihrer Wohnung an, und das Mädchen reißt sofort die Verpackungen auf. Wenige Minuten später ist alles ausgepackt, und das Abendbrot gekocht. Die zwei setzen sich an den Tisch und beginnen zu essen. Beide sind total geschafft von dem anstrengenden Tag.

Helena Bosse

Mein Weihnachten

Wenn ich an letzte Weihnacht denke, erinnere ich mich vor allem an den Vormittag des Heiligabends. Ich wollte meinen besten Freunden eine Freude machen, indem ich ihnen etwas schenke. Da ich nicht wusste, wie ich mich beschäftigen sollte, hatte meine Mutter die Idee, die Geschenke zu Fuß vorbeizubringen. Das war eine meiner lustigsten Stunden im Leben. Warum? Wir planten die Geschenke vor die Haustür zu legen, zu klingeln und schließlich so schnell wie möglich wieder davonzulaufen. Das hat auch bei mir gut funktioniert, aber bei meiner Mutter sah es etwas anders aus. Wahrscheinlich hat sie den Sinn von „schnell wegrennen" und „nicht entdeckt werden" nicht so ganz verstanden. Was ich daraus gelernt habe? Klingelstreiche muss ich noch mit meiner Mutter üben.

Wenn ich an letzte Weihnacht denke, erinnere ich mich daran, dass mein Großvater Weihnachten zuhause verbringen konnte und nicht wie das Jahr zuvor im Krankenhaus.

Durch einen Schlaganfall musste er viele Wochen im Krankenhaus bleiben, sogar an Weihnachten. Wir mussten die Bescherung im Krankenhaus feiern. Ich fand es sehr traurig, dass er und all die anderen Patienten Weihnachten im Krankenhaus bleiben müssen. Am Nachmittag vom Heiligabend meine Großeltern zuhause zu besuchen, darüber war ich sehr glücklich.

Wenn ich an letzte Weihnacht denke, erinnere ich mich auch sehr gerne an die Abendstunden. Papas Eltern und Geschwister mit ihren Kindern kommen zur späteren Stunde noch vorbei. Obwohl wir eigentlich keinen Platz haben für so viele Gäste, feiern, spielen und lachen wir zusammen. Die Spareribs, die es jedes Jahr gibt, sind immer sehr lecker. Dieser Abend war sehr fröhlich und ich denke gern daran zurück.

Besonders schön an Weihnachten finde ich, dass sich viele Menschen große Mühe geben, anderen eine Freude zu bereiten, sich gegenseitig besuchen, und dass alle versuchen, sorglose Stunden zu erleben und nicht zu streiten.

Elias Bauer

Mitten im Chaos

Heute Abend... Lisa saß auf ihrem Schreibtisch und ließ die Beine baumeln. Gedankenverloren blickte sie aus dem Fenster und bemerkte die Schneeflocken, die sanft zur Erde fielen. Sie musste lächeln, wurde aber ganz plötzlich wieder ernst. Jetzt hätte sie sich fast von dem ganzen Kitsch einlullen lassen! Denn heute Abend ging ja der Weihnachtszirkus wieder los. Geschmückter Baum, perfekte Deko, Plätzchen, Weihnachtslieder. Die perfekte Familie.

Ha! Wollte man sie eigentlich für dumm verkaufen? Dachten die wirklich, dass sie nicht merkte, was da gerade abging? Dass Mama und Papa sich dauernd stritten, das war ja die eine Sache. Eine ganze andere Sache aber war diese Scheinheiligkeit. Als wäre sie ein kleines Kind, das nichts merkte.

Lisa stand auf und ging nach unten in die Küche. „Ah, verdammt, jetzt sind mir die Plätzchen verbrannt!", ihre Mutter stieß einen tiefen Seufzer aus. Mehr zu sich selbst als zu ihrer Tochter fuhr sie fort: „Ich muss noch zum Metzger, der macht gleich zu, dann in den Supermarkt und Getränke brauchen wir auch noch. Das könnte eigentlich ja auch mal Dirk machen, aber dann kann ich bis Ostern auf die Sachen warten. Und dann muss ich den Baum schmücken und…"

Lisa hörte nicht mehr zu. Es war sowieso immer dasselbe. Höchste Zeit für einen Tapetenwechsel. „Bin mal kurz weg!", rief sie ihrer Mutter zu, und bevor diese etwas antworten konnte, fiel auch schon die Tür ins Schloss. Hoffentlich war Tine da. Dann konnten sie vielleicht zusammen einen Film anschauen oder einfach ein bisschen rumhängen.

Tine schien sie schon erwartet zu haben. „Hey, gut dass du kommst! Schau mal, meine Geschenke für Mama und Papa. Und die Zigarren sind für Opa. Da wird er staunen!" Aufgeregt wie ein kleines Mädchen hüpfte ihre beste Freundin durchs Zimmer.

Sie hörte gar nicht mehr auf zu plappern: von Geschenken, Weihnachtsliedern, dem Christbaum im Wohnzimmer, ... Lisa wurde es immer unbehaglicher zumute. Schließlich nahm sie ihre Tasche. „Du, ich muss dann mal wieder los." Tine blickte sie verwirrt an. „Sag mal, ist alles ok bei dir? Du wirkst so…" „Jaja, alles bestens," fiel Lisa ihr ins Wort. „Ich hab' heut bloß ein bisschen Kopfschmerzen. Aber wird schon. Schönen Abend!"

Rasch verabschiedete sie sich und rannte fast die Wohnungstreppen hinunter. Sie lief lange durch die Straßen der kleinen Stadt, ohne Plan, ohne Ziel, und wollte einfach nur Ruhe, niemanden hören und sehen. Schließlich ging sie aber dann doch heim. Was blieb ihr auch anderes übrig?

Dort herrschte mittlerweile richtig Stress. Mama hastete durch die Wohnung und gab nebenbei Papa, der inzwischen auch da war, Anweisungen. Papa hatte sichtlich wenig Lust auf den ganzen Trubel. Energisch redete Mama nun auf ihn ein, und auch Papa war zunehmend genervt. Worum es genau ging, hörte Lisa nicht. Sie stand immer noch neben der Haustür; die Eltern hatten sie nicht bemerkt. Der Ton wurde allmählich lauter. „Unfähig…" „Mir reicht's!" „Lass mich doch in Ruhe!" – Jetzt reichte es auch Lisa. Sie verließ die Wohnung und zog die Tür leise hinter sich zu.

Als sie sich umdrehte, sah sie Frau Chochlowa die Treppe hochkommen. Ihre Nachbarin mühte sich mit den Taschen ab und schnaufte vor Erschöpfung. Schnell kam Lisa ihr zur Hilfe, woraufhin die alte Russin irgendetwas Unverständliches vor sich hinmurmelte. Und dann plötzlich: „Komm, Mädchen, komm. Du siehst so traurig aus."

Erstaunt hob Lisa den Kopf. Jetzt wohnten sie schon einige Monate hier, und sie hatte bisher immer gedacht, die Alte könne überhaupt kein Deutsch. Bereitwillig begleitete sie die Nachbarin in deren kleine Wohnung. Mittlerweile war es schon dunkel und die Eltern wollten sicherlich bald mit dem Festessen beginnen. Frau Chochlowa hat nichts dekoriert und auch sonst sah es bei ihr gar nicht nach Weihnachten aus. Sie deutete auf einen Sessel und verschwand in der Küche. Mit einer heißen Tasse Tee und Keksen kam sie schließlich zurück. Lisa merkte plötzlich, wie müde sie eigentlich war. Sie lehnte sich im Sessel zurück und trank den Tee.

Da begann Frau Chochlowa zu erzählen: Von ihrer Kindheit in Russland, den harten Wintern und den Weihnachtsfesten, die sie früher mit ihrer Familie gefeiert hatte. Jetzt war sie ganz allein hier, doch bald schon wollte ihre Tochter sie besuchen. Sie lächelte glücklich, und Lisa musste plötzlich an ihre Familie denken. Mama und Papa machten sich sicherlich schon längst Sorgen um sie. Ach, sollten sie doch! „Musst du nicht langsam heim, Kind?" Die Stimme der alten Frau riss Lisa aus ihren Gedanken. Natürlich musste sie heim. Lisa erhob sich. Sie bedankte sich und trottete hinüber zu ihrer Wohnung. Schweren Herzens und mit einem mulmigen Gefühl schloss sie die Türe auf.

Doch was war das? Von wegen geschmückter Baum, Festessen, verpackte Geschenke! Überall stapelte sich das schmutzige Geschirr, und nach Braten roch es auch noch nicht. Mama und Papa saßen am Küchentisch, mitten im Chaos. Jeder hatte ein Glas Wein in der Hand und beide – Lisa traute ihren Augen kaum – beide lachten! Und sie wirkten fast... glücklich! Da fühlte Lisa, wie sie selbst ganz leicht wurde. Sie brauchte keinen Christbaum, kein Festessen und auch keine Geschenke. Sie wusste nicht, was passiert war, und sie wollte es eigentlich auch gar nicht unbedingt wissen. Aber jetzt endlich war auch für sie - Weihnachten.

Kathrina Krieglmeyer

Rote Weihnacht

Es begann vor langer, langer Zeit. Naja, so lange ist es gar nicht her. In Wirklichkeit begann es in den 1980er Jahren in den USA und hatte den Höhepunkt der Zerstörung im Herbst 2016 in unserem bis dahin schönen Deutschland: Der Anfang vom Ende, die Selbstzerstörung der Menschen durch eigene Dummheit, die Apokalypse! Denn in eben diesem Herbst zogen manche unserer Art erstmals kostümiert als Zirkusmitarbeiter durch die Gegend, um ihre netten Mitbürger einen Schrecken des Todes einzujagen. Aber das war noch nicht genug, denn diese Barbaren unterschieden nicht zwischen Männern, Frauen oder Kindern und machten mit Maske und Kettensäge ganze Landstriche unsicher. Das waren die so genannten Horrorclowns. Hysterien, Massenpaniken und auch einige Tode gingen auf ihr Konto. Sogar der *Dachverband Clowns in Medizin und Pflege in Deutschland* bezeichnete sie als „wirre Menschen, die ihre destruktiven Neigungen nur auf diese armselige Art ausleben wollen". Aber dieses Phänomen war nur um Halloween herum und die Situation brachte man schnell wieder unter Kontrolle. Zumindest schien dem so…

Wir schreiben den 24. Dezember Anno Domini 2017. Die Morgensonne weckt mich. Mal wieder ist es zu Weihnachten wärmer als zu Ostern. Aber es stört mich nicht. Ich weiß ja, dass dank dem Klimawandel Ostern auch bald gefühlt wie im Australischen Outback sein wird. Dann kann man gleich nach dem Eiersuchen auf den Trittsteinen im Garten den Speck zu den Eiern braten. Endlich kann ich mich dazu motivieren aufzustehen. Es riecht nach Spiegelei mit Speck. Ein Blick auf die Uhr verrät mir, dass ich mich beeilen muss. Ich habe mich in einer halben Stunde um 11 mit Freunden – Kevin und Jacqueline – verabredet. Nach dem Frühstück ziehe ich mich also an und gehe zum Treffpunkt:

Eine kleine, verfallene Hütte am Waldrand in der Nähe meines Wohnortes.

Wie immer bin ich mit 5 Minuten Verspätung der letzte und wieder wird es mir ordentlich unter die Nase gerieben. Leider habe ich die letzten Male meine ganzen vorbereiteten Ausreden schon verbraucht, dass ich jetzt nur noch zustimmen kann und mir die sarkastischen Kommentare meiner Freunde anhören muss. Nach einer Weile sitzen wir nur wortlos herum, bis ein „Hatschi!" von Kevin, gefolgt von meinem „Gesundheit!" das Schweigen brechen. Daraufhin antwortet Kevin mit dem üblichen „Schnauze!!!" und wir brechen in gemeinsames Gelächter aus. „Ich will jetzt aber mal langsam aus der Hütte hier raus, wir haben schließlich noch was zu tun.", sagt Jaqueline, nachdem wir uns wieder erholt haben. Wir haben nämlich die grandiose Idee, rumlaufende Weihnachtsmänner zu erschrecken. Das macht definitiv Spaß. Zwar nur für uns, aber das ist ja die Hauptsache.

Also machen wir uns auf dem Weg. „Wir müssten mal den Müll hier wegräumen.", sage ich, während wir den Trampelpfad zur Straße über die hohen Müll-Haufen hüpfen. Kevin reagiert mit einem „Nicht unser Problem." Jaqueline meint darauf: „Dann müssen wir uns wenigstens um die Verursacher kümmern." „Machen wir doch gleich", antworte ich mit einem Zwinkern auf die bevorstehende Weihnachtsmannjagd hinweisend. Wie Erdmännchen umschauend sind wir auf der Lauer nach den roten Männern mit weißem Bart. Plötzlich entfährt es Kevin: „Da vorne ist einer! So 300 Meter die Straße runter." „KEVIN!", brumme ich, „das ist die Mülltonne, die du Vandale vorhin rot angesprayt hast. Bei dir stimmt die Aussage wirklich, dass du dich selbst verarschen kannst. Fremdscham pur." Sogar Jaqueline lacht kurz über den rot anlaufenden Eumel. Da er zum Glück Humor, Sarkasmus und Ironie versteht, fängt er kurz darauf auch zu lachen an, kriegt sich aber nur schwer wieder ein.

Auf einmal biegt ein Santa um die Ecke. Er erblickt uns, bleibt stehen, starrt uns nur still an. Irgendetwas ist seltsam an ihm, Kevin und Jaqueline scheinen es auch zu bemerken, können aber ebenfalls nicht genau herausfinden, was das mega merkwürdige Mysterium des roten Mannes ist. An dem Kostüm ist etwas eigenartig. Es ist irgendwie unnormal. Als ob was fehlt, was da sein sollte und etwas da ist, was nicht da sein sollte.

Da fährt es wie ein Blitz in mich, mir gefriert das Blut in den Adern: Der Kerl hat eine Stahlmaske auf, die mit dem Bart sein komplettes Gesicht vermummt und seine Augen scheinen rot zu leuchten. Und vor allem hat er keine Geschenke dabei! Der Schreck sitzt tief. Auch meine Freunde sind starr vor Furcht. Übrigens hat der Weihnachtsmann auch noch eine Kettensäge in der Hand.

Um die Situation zu entspannen, beginne ich, der als einziger dazu in der Lage zu sein scheint, mit einem Smalltalk: „Waren die rot leuchtenden Kontaktlinsen sehr teuer oder ging es preislich? Ich hab mir überlegt, auch welche für Halloween zu bestellen. Haben Sie welche mit oder ohne Sehstärke?" Kevin und Jaqueline schauen mich verdutzt an und Kevin meint: „Bist du bescheuert? Nem bewaffneten Psycho so dämliche Fragen zu stellen! Der irre Moppel geht uns deswegen noch an die Kehle!" Jaqueline und ich hauen uns nur mit der flachen Hand auf die Stirn. Ich antworte nur mit einem: „Ja, bin ICH. Außerdem heißt es adipös und nicht Moppel", gefolgt von einem „LAUFT!!!", nachdem der Weihnachtsmann seine Kettensäge angeworfen hat und erst langsam, dann beschleunigend auf uns zu läuft.

Wir drehen uns nach rechts, um die Straße hinunter zu laufen und in den Wald zu flüchten. Da man sich aber bei solchen Horrortreffen nur in den Wäldern verirrt und dann einer nach dem anderen ausgenommen wird, kommt es uns gelegen, dass von dort ein weiteres dreckiges dutzend dieser Weihnachtsmänner angehastet kommen. Und ich will nicht in den Wald, weil da es kälter als nachts ist.

Sofort drehen wir uns nach links, um dorfeinwärts zu entkommen. Da besteht wenigstens die winzige Aussicht auf Hilfe.

Aber es sind alle Rollläden unten, was unsere Hoffnung minimiert. Wir laufen los. Kurz hinter uns ist der Anführer der Meute, dicht gefolgt vom Rest.

„Da vorne ist eine Kreuzung. Vielleicht können wir den Verein dort abhängen", präsentiere ich meinen Fluchtplan. Leider müssen wir feststellen, dass alle weiteren Straßen von der Kreuzung von Weihnachtsmännern blockiert sind. „Mit genug Schwung können wir gerade zu durch preschen!", rufe ich, kurz bevor Kevin gegen eine Laterne rennt, umfällt und auf den Asphalt klatscht. Jegliche Quelle der Hoffnung auf ein Entkommen ist versiegt. Wir sind umzingelt! Und nur weil Kevin mal wieder zu blöd ist zu gucken.

Die Weihnachtsmänner haben einen Kreis in zwei Metern Abstand um uns gebildet. Dramatisch ruft Jaqueline: „Wir sind verloren!" Als letzten Akt der Verzweiflung schreie ich die Kerle mit „Schluss! Aus! Sitz!" an. Hilft aber nicht viel. Die Meute grunzt nur dämlich. Langsam kommt Kevin wieder zu sich, schaut sich aber nur kurz verzweifelt um und stellt sich tot. Nach und nach werfen die Santas ihre Motorsägen an. Ich kommentiere das mit einem: „Das wird wohl 'ne rote Weihnacht heute. Die sind eine absolut bescheuerte Erfindung von Coca Cola. Wenn ich das überlebe, verklage ich den Konzern!" Ich ernte lediglich fieses Grinsen. Deswegen Fluche ich instinktiv: „Das ist doch kafkaesk!"

Wir stutzen. Die Weihnachtsmänner auch. Aber scheinen sich überhaupt nicht mehr bewegen zu können und sind verstummt. Erst laufen sie blau an und verblassen nun langsam zu schneeweiß. „Krass", sage ich, „EIN richtiges Wort und der Spuk ist vorbei. Und genau DAS Wort war >kafkaesk< und ich habe es gesagt. Jetzt sehen die Kerle auch etwas niedlich aus – so als Schneemänner. Ich bin froh, dass die sich aber nicht bewegen und uns mit Schneebällen bombardieren." Dann beginnt es zu schneien und wir alle begeben uns nach Hause.

Der nächste Morgen. Die Zeitung liegt auf dem Frühstückstisch. Als Titelbild sehe ich eine Kreuzung, die mit Schneemännern zugebaut wurde. Die Überschrift des Artikels lautet: >Weihnachtswunder – Kreuzung mit Schneemännern nach nur geringem Schneefall am 24. Dezember versperrt<.

„Wenn die wüssten. Zumindest besser als ein Artikel mit dem Titel >Rote Weihnacht – Blutiges Spektakel am 24. Dezember an einer Kreuzung<", denke ich mir und beschäftige mich mit meinen Geschenken vom Vortag.

Alexander Michael

Serendipität

Dicke, weiße Flocken fielen vom Himmel. Kalte Sterne trafen auf dem Boden auf und bildeten einen glitzernden Teppich. Es war kalt, eiskalt. Seine hohen Stiefel sanken so tief im Schnee ein, dass etwas von dem Eiswasser, das entstand, als die Flocken auf seinen Körper trafen, in seine Stiefel lief. So ging es jetzt schon seit Stunden und inzwischen war die Hälfte seines Schuhs mit eiskaltem Wasser gefüllt, das bei jedem Schritt schwappte. Obwohl er eingepackt war, zahllose Kleidungsstücke anhatte, die ihn vor der Kälte beschützen sollten, so war ihm trotzdem kalt. Jeder Schritt war mühsam. Einerseits aufgrund des hohen Schnees, der jeden Schritt unmöglich erscheinen ließ, da man wie über eine kniehohe Mauer steigen musste, andererseits, da ihm langsam die Kraft ausging. Er lief schon seit Ewigkeiten durch diesen Schneesturm, der einfach kein Ende zu nehmen schien, genauso wie die endlos wirkende Schneewüste.

Er wollte aber dennoch nicht stehen bleiben, weil er wusste, wenn er dies tat, würde er nicht mehr weiterlaufen. So setzte er stur einen Fuß vor den anderen, in der Hoffnung, irgendwann eine Hütte zu finden, in der er diese Nacht schlafen konnte, am besten noch bevor sich diese über die Wüste aus Eis und Schnee senken würde. Es sollte ja ein paar Verrückte geben, die hier wohnten, er hatte schließlich schon einige getroffen. Irgendwie schafften sie es, hier zu überleben und, so wie es schien, ein glückliches Leben zu leben, sonst wären sie doch schon längst von hier weg. Wahrscheinlich gewöhnte man sich nach einiger Zeit an die Kälte und an den Schnee. Ihm war es inzwischen auch egal geworden, er konnte sich an nichts anderes mehr erinnern. Was Sommer war hatte er vergessen, was Wärme war, hatte er vergessen, was Sicherheit war, hatte er vergessen. Alles was er wusste und kannte, waren der Schnee, die Kälte, der Winter, das Adrenalin und die Verzweiflung, die ihn am Leben erhielten.

Er kämpfte, zwar ohne Schwert, aber dafür mit Überlebenswillen, gegen die Natur, die ihn in die Knie zu zwingen drohte. Die Hand schützend über die Augen gelegt, versuchte er diese vor dem gnadenlosen Schnee zu bewahren und gleichzeitig etwas zu sehen. Doch nichts. Nur schneegetränkter Nebel, der ihn nur ein paar Handbreit sehen ließ, wenn überhaupt. So stapfte er weiter. Blind. In einer Eiswüste, ohne eine Menschenseele in der Nähe. So schien es zumindest, bis plötzlich seine Füße auf etwas Hartes trafen, ungewohnt zu dem sonst so weichen Schnee, der unter seinen Stiefeln nachgab. Er blickte hoch. Wie hatte er das nicht bemerken können?

Er stand vor einem Haus. Auf der Terrasse. Ein Schaukelstuhl. Von Schnee bedeckt. Warum? Wer stellte so etwas hier her? Er musste lächeln. Zum ersten Mal nach etlichen Tagen. Seine Mundwinkel taten von dieser kleinen Bewegung schon weh. Er hatte ewig nicht mehr geredet oder gelächelt. Die meisten Begegnungen mit den Menschen hier verliefen stumm, nur bedeutungslose Gesten. Er klopfte an die schwere Tür. Nochmal. Nichts. Dann auf einmal öffnete sich der Eingang einen Spalt. Zwei braune Augen blickten ihn an. Nun öffnete sich die Tür ganz. Eine winkende Geste.

Mit schwappenden Schritten betrat er das Haus. Wenige Momente später schon saß er auf einem Stuhl, die nassen Schuhe trockneten in der Nähe des Kamins und er schaufelte sich Brot und Suppe in den Mund. Die braunen Augen gehörten, soviel hatte er schon herausgefunden, einem Mann. Relativ jung, wie es schien. Das war alles. Der Mann redete nicht und er war sich nicht sicher, ob er es überhaupt konnte. Also blieb es still. Niemand sprach ein Wort. Er war beschäftigt mit seinem Essen. Nur sein Schlürfen war zu hören und ab und zu das Geräusch, wenn der Löffel am Boden der Schüssel ankam. Der andere saß ihm gegenüber. Er war gepflegt. Auch das Haus war aufgeräumt und sehr gemütlich. Nach diesem ewigen Schnee und der Kälte, fühlte sich das hier schon fast wie der Himmel an und der Reisende würde am liebsten hier bleiben, zumindest für eine Weile. Obwohl... es war durchaus vorstellbar den Rest seines Lebens hier zu verbringen. Er wollte nicht mehr hinaus in die Kälte, den Schnee, das Eis. Durch die endlose Weite stapfend. Hier fühlte er sich, warum auch immer, sicher, zuhause. Das war ihm noch nie passiert, aber irgendetwas an diesem Mann und dessen Haus ließ ihn sich wohlfühlen.

„Willst du noch etwas?" Erschrocken blickte er auf. Er war so in Gedanken versunken gewesen, dass er gar nicht bemerkt hatte, dass die Schüssel schon längst leer geworden war. „Du kannst sprechen?", entfuhr es ihm, aber sofort merkte er, wie dumm diese Frage gewesen war. „Offensichtlich", antwortete der andere amüsiert und lachte leicht. „Tut mir leid, die Frage war dumm. Natürlich hätte ich gerne noch etwas mehr. Es ist wirklich gut." Er schwafelte, sprach zu schnell, aber die Stimme seines Gegenübers, der immer noch leicht lächelte, brachte ihn aus dem Konzept. Dieser nickte, stand auf, um den Hungernden von seinem Leiden zu erlösen.

„Welches Datum haben wir?", fragte er den Bewohner des Hauses, als er sich weiter seinen Magen füllte. Er wollte wissen, wie lange er sich jetzt schon hier befand, wandernd durch die eisige Kälte, bei Fremden unterkommend, rastlos. „Der 24. Dezember", antwortete der andere lächelnd. Der 24. Dezember. Auch er fing an zu lächeln. Er wollte schon lange seine Situation ändern, endlich glücklich werden und er wusste plötzlich genau, wie er damit anfangen wollte. Und irgendwie hatte er das Gefühl, dass besonders dieser Tag den Beginn eines neuen Abschnitts in seinem Leben markierte.

Vanessa Dreinhöfer

Weihnachten beim Joulopukki

Drei Monate ist es jetzt her, seit ich meine Heimat verlassen habe, um in das Land der tausend Seen auszuwandern. Und da sitze ich nun mitten in der Nacht am Lagerfeuer und passe, bewacht von drei schlafenden Huskys, darauf auf, dass es auch noch am nächsten Morgen brutzelt, während ich verträumt die Polarlichter beobachte.

Eigentlich sollte das mittlerweile normal für mich sein, ich habe mich ja schließlich als Helfer auf der Rentierfarm mitten im finnischen Teil Lapplands beworben, um viel Zeit in der Natur zu verbringen – aber wirklich daran gewöhnt habe ich mich immer noch nicht. In dieser Nacht bin ich allerdings wirklich der einzige Mensch weit und breit. Die anderen Rentierhirten sind zu Hause bei ihren Familien um die Wohnzimmer für ihre Kinder zu dekorieren – morgen ist schließlich Heiligabend und so will es die Tradition. Ich schaue auf die Uhr: noch vier Stunden bis Sonnenaufgang, die kriege ich auch noch rum.

Plötzlich schrecke ich hoch. Da habe ich doch gerade etwas rascheln gehört, oder? Regungslos sitze ich in meine Decke gekauert und lausche nach weiteren Geräuschen. Doch außer dem Knistern des Feuers und dem Leisen Schnarchen der Hunde kann ich nichts hören. Da war es wieder – als würde jemand oder etwas leise angeschlichen kommen. Na super, glaubte ich jetzt auch schon an den bösen Wolf oder, noch schlimmer, an die Troll-Geschichten, die mir tags zuvor erzählt wurden. Obwohl es für mich sonst nie gruselig genug sein kann, strecke ich mich doch lieber nach meinem Rucksack und suche nach meinem Pfefferspray und der Steinschleuder, die mir die Jungs sicherheitshalber dagelassen haben. Wieder höre ich es hinter mir knacken, dieses Mal noch lauter.

Das kann keine Einbildung sein, sogar Jussi, Antti und Arvo, meine vierbeinigen Begleiter, blicken verdutzt hoch und kommen hechelnd zu mir getrottet. Na toll, was mach ich jetzt nur? Weder Bären noch Wölfe kann ich jetzt brauchen. Zum vierten Mal knackt es, doch dieses Mal sieht man auch den Verursacher: im flackernden Licht kann ich die Umrisse eines jungen Elchs ausmachen. Auch die Hunde haben ihn bemerkt und knurren ihn an. Unbeeindruckt stapft der kleine Bulle weiter an uns vorbei. Puh, Glück gehabt.

Den Rest der Nacht habe ich ohne weitere Vorkommnisse im Halbschlaf an Jussi gekuschelt verbracht. Mit Sonnenaufgang sollten auch Taavi und sein Bruder Kimi kommen. Die beiden Zwillinge sind die einzigen anderen Teenager außer mir auf der Farm. Zwar versuche ich, mir meine Erleichterung nicht anmerken zu lassen, doch kann ich ein Grinsen nicht unterdrücken, als ich die Motorgeräusche des Pick-Ups wahrnehme. Zu dritt versorgen wir die Rentiere und treiben sie in ihr Gatter. Fragen, die die letzte Nacht betreffen, weiche ich geschickt aus. Man muss denen ja nicht alles auf die Nase binden. Gegen elf Uhr können wir endlich aufbrechen. Nach einer halben Stunde Fahrt stehen wir im Wohnzimmer des Hauses von Raul, dem Farmbesitzer, und seiner Familie. „Wenn du dich beeilst, kannst du vorher noch duschen", schallt es aus der Küche. Damit meint Rauls Frau Yva die Live-Übertragung der Verkündung des Weihnachtsfriedens in Turku um Zwölf Uhr mittags, einem festen Bestandteil der hiesigen Weihnachtszeremonie. Ähnlich wie bei uns kommen auch in Skandinavien alle Familienmitglieder an Heiligabend nach Hause und verbringen den Tag mit essen, trinken, Gesprächen und Spielen. Die Zeit verging wie im Flug und schon bald klopfte es an der Haustür. Der Joulopukki – also der Weihnachtsmann – trat herein und so begann die Bescherung für die jüngsten Familienmitglieder, für uns ältere gab es in der Zwischenzeit Glögi, eine Art Glühwein mit Johannisbeersaft und Vodka. Auch das war einer der vielen Teile der skandinavischen Tradition, die ich in ein paar Monaten mit nach Hause bringen würde. Nach den Geschenken kommt das Festmahl: erst gibt es Heringsalat, dann wird ein im Ofen gebratener gepökelter Schinken, den sogenannten Joulukinkku, mit Kartoffelauflauf aufgetischt und zum Schluss genießen wir Milchreis mit Preiselbeersaft. Erst spät in der Nacht gehen wir nach unzähligen Weihnachtsliedern schlafen.

Früh morgens müssen die beiden Jungs und ich dann aber wieder raus zu den Rentieren, denn obwohl Weihnachten ist, haben wir nicht frei. Auch heute sollten wir uns besser beeilen, schließlich findet am Vormittag der traditionelle Gottesdienst statt, den wir nicht verpassen wollen. Nach dem Mittagessen besuchen Raul, Yva und deren Kinder ihre Verwandten, während wir die Tiere zu einem anderen Weideplatz treiben. Am Abend richte ich mich wieder nach meiner ganz eigenen Weihnachtstradition und lese wie jedes Jahr die Harry Potter Reihe. Heute ist der Halbblutprinz an der Reihe. Normalerweise sehe ich mir auch ein ganzes Sortiment an Filmen an, aber nachdem der einzige Fernseher im Haus gestern Abend den Geist aufgegeben habe, sieht es damit wohl eher schlecht aus.

Am Morgen des 26. Dezembers dürfen wir ein wenig länger schlafen als normal, denn heute steht für die ganze Familie und uns Arbeiter Schlittenfahren auf dem Plan. Zudem machen Kimi, Taavi und ich heute unsere Rentierschlittenprüfung und erhalten unsere Fahrerlaubnis. Nach einigen Stunden in der Kälte kommt aber auch schon der nächste und somit auch letzte traditionelle Programmpunkt: alle Bewohner des großflächigen Dorfes treffen sich am Nachmittag zum Tanzen und Feiern im Gasthaus.

Ebenso wie diese drei festlichen Tage vergingen auch die kommenden wie im Nu, aus der Weihnachtszeit wurde wieder Alltag, aus dem Winter wurde Frühling und mit ihm kam auch der Tag meiner Abreise. Doch das ist eine ganz andere Geschichte.

Julia Haas

Weihnachten in der heutigen Zeit

Weihnacht, Weihnacht
- der Konsum hat die Macht.
Der eine kriegt als Geschenk 'ne Yacht,
der andere nichts, sodass es dann kracht.
Da geht der Herbst hin,
Schnee ist jetzt in.
Für den einen supercool, für den Anderen ein Sch***.
Für die Eltern und Verwandten jedoch heißt`s:
Schnee wegräumen,
Geschenke kaufen versäumen,
Streusel auf Lebkuchenhäuser streuen, dazu noch die Sahne
schäumen.

Freut euch Kinder,
es ist Winter.
Von wegen globale Erwärmung
jetzt ist Bescherung.
Bei der Kälte friert's einem ja auch schon ab das Kinn,
also ab zum Krankenhaus, nichts wie hin.

Schöne Winterferien unter diesen Kriterien:
Keine Hausaufgaben, um die sich die Lehrer scharen,
mindestens Länge von zwei Wochen,
sonst brechen die Schüler vor Trauer und Wut noch Knochen.

Schlitten und Schneepflug fahren,
Frost vom Auto scharren,
Sterne und Schneeflocken können den Himmel nicht klaren,
während der Weihnachtsmann mit Rudolph plant, in ihn hinein-
zufahren.

Der Weihnachtsbaum ist aufgestellt
und mit elektronischen oder echten Kerzen erhellt,
sodass es schön grellt,
es wird keine Pizza bestellt.
Zur Essensauswahl gibt's kein leckeres Menü,
nur Fondue.

Geschenke überbracht, oh heilige Nacht.
Zu Abend gegessen,
Rückgabewert der bescheuertsten Geschenke gemessen,
Von der elektronischen Waage, bis hin zur Salatschale,
für alles lässt man sich ne Gutschrift geben,
sodass sich ein neuer Schrott aus dem Kaufhaus möge erheben.
Doch sage bloß nichts den entsprechenden Verwandten,
sonst kommen die nie wieder für ewige Tage! Zum Glück!

Und zu guter Letzt:
Weihnachtsgeschichte angehört,
so wie sich´s bei Spießern gehört.

Julius Mögn

Weihnachten mal anders

Aaah! Hilfe!", Lucas eilte schnell zu seinem Großvater, schaffte es aber nicht rechtzeitig die Leiter festzuhalten, auf welcher dieser gerade stand. Panisch wedelte Opa Gustav mit seinen Armen in der Luft, bevor er endgültig auf den Boden plumpste. Die Lichterketten, die der Alte gerade aufhängen wollte, landeten ebenfalls im Gras.

„Opa, geht es dir gut? Hast du dich verletzt?", besorgt kniete Lucas sich neben seinen Großvater. „Nein, mein Junge. Mein Hintern tut nur etwas weh... Aber jetzt lass uns weiter machen. Wir haben noch viel zu tun vor Weihnachten! Hopp, hopp!". Lucas verdrehte die Augen. In der Vorweihnachtszeit war sein Opa nicht zu bremsen. Gemeinsam hingen sie die Lichterketten auf und befestigten noch etwas Lametta an der alten Tanne im Garten. „Sind wir jetzt endlich fertig, Opa?", Lucas wurde schon langsam ungeduldig. Er hatte sich nicht freiwillig zum Schmücken mit seinem Opa gemeldet, sondern seine Mutter hatte ihn- als Strafe für zu vieles X-Box-Spielen- dazu verdonnert. „Was? Nein, mein Junge! Hast du etwa nicht das Haus von den Müllers nebenan gesehen? Die haben jetzt ihren Weihnachtsschmuck verdoppelt. Da müssen wir mithalten!" „Opa, denkst du nicht, dass du es mit diesem blöden Wettbewerb übertreibst?" Der Alte schaute überrascht zu seinem Enkel: „Nein, auf gar keinen Fall. Dieses Jahr werden deine Oma und ich gewinnen!" Lucas verdrehte ein zweites Mal die Augen.

Jedes Jahr dasselbe Spiel: Der Weihnachtsschmuckwettbewerb in der Mozartstraße. Alle Nachbarn schmücken ihre Häuser weihnachtlich und das beste gewinnt dann einen Preis. Mittlerweile hat sich dieser Wettbewerb sogar schon in der gesamten Stadt herumgesprochen und der Bürgermeister persönlich überreicht dem Sieger ein riesiges Glühweinfass als Preis. Was also als kleiner Spaßcontest begonnen hatte, wurde schnell ziemlich ernst und endete in jährlichem Nachbarschaftsstreit. Letztes Jahr hätten Lucas` Großeltern fast gewonnen, wenn ihnen nicht mitten in der Nacht der Weihnachtsschmuck im Garten gestohlen worden wäre. Sein Opa ist immer noch fest davon überzeugt, dass es die Müllers, seine Nachbarn und späteren Gewinner des letzten Contests, waren.

„Lucas, du musst doch verstehen, wie wichtig es für deine Oma und mich ist dieses Mal zu gewinnen. Eine weitere Niederlage würde ich nicht verkraften…". Lucas wollte gerade etwas erwidern, als seine Großmutter vom Fenster aus zu ihnen herüberrief: „Lucas! Gustav! Die Plätzchen sind fertig!". Schnell machten sich die Beiden auf den Weg ins Warme. Bereits im Flur des Hauses duftete es nach dem süßen Gebäck, und Lucas lief augenblicklich das Wasser im Mund zusammen. Da hatte die Strafe seiner Mutter doch noch etwas Positives: Omas leckere Vanillekipferl!

Nach dem fünften Plätzchen fragte Lucas seinen Großvater nach den weiteren Weihnachtsschmuckplänen, woraufhin dieser breitwillig von seiner neuesten Dekoration erzählte: „Du kennst doch sicher diese riesigen aufblasbaren Weihnachtsmänner, die die Amis immer in ihren Gärten stehen haben?" Lucas nickte zustimmend. „So einen hab´ ich dieses Jahr auch bestellt! Damit können die Müllers nicht mithalten!" Opa lächelte stolz in die Runde. „Und wann willst du den aufstellen, Opa? Das wird doch bestimmt aufwendig, oder?", fragte Lucas. „Ja, da hast du Recht, mein Junge, aber ich hab´ ja dich und später noch deinen Vater als Hilfe. Mach dir keine Sorgen, dass schaffen wir auf jeden Fall!". Beruhigt machte sich Lucas über die restlichen Plätzchen her, bevor er wieder mit seinem Opa nach draußen ging, um den restlichen Schmuck zu verteilen.

Am Abend kam sein Vater, um ihn abzuholen, wurde aber letztendlich von Lucas und Opa Gustav noch dazu überredet, bei dem Aufstellen des Weihnachtsmannes mitzuhelfen. Um kein Aufsehen zu erregen und zu verhindern, dass die riesige Dekoration geklaut wird, einigten sie sich darauf, sie vorerst im Hinterhof unterzubringen. Als Lucas schließlich doch mit seinem Vater nach Hause fuhr, konnte er nur noch an morgen denken. Der Wettbewerbseifer seines Großvaters hatte ihn angesteckt und er wollte unbedingt morgen bei der Preisverleihung dabei sein.

Am frühen Morgen schon fuhr die Familie Freitag zu den Großeltern, um noch die letzten Vorbereitungen abzuschließen. Zu Lucas´ großer Freude, wurde nun auch der überdimensionale Weihnachtsmann nach vorne in den Garten gestellt. Dort war er für alle sichtbar. „Kann ich die Lichter anschalten, Opa?", Lucas konnte es kaum noch erwarten, die Figur beleuchtet zu sehen. „Nein, warte lieber noch. Wir heben uns das Beste zum Schluss auf, wenn es dunkel ist."

Langsam aber sicher fanden sich die zahlreichen Zuschauer und die Jury am bereits geschmückten Platz, mitten in der Straße, ein. Auch Lucas´ Familie hatte sich dort versammelt und wartete sehnsüchtig darauf, endlich den Weihnachtsmann zu beleuchten und das geschmückte Haus zu präsentieren. Dann war es schließlich soweit und Lucas hatte die Ehre, den Strom anzuschalten. „Und los!", Lucas betätigte den Schalter und sofort schossen kleine Blitze aus den Stromleitungen und es funkte überall!

Starr vor Schreck stand er da und einige Sekunden verstrichen, bevor er zu seinem Großvater rannte. „Was ist passiert? Hab´ ich was falsch gemacht?", bestürzt blickte Lucas seinen geschockten Opa an. „Nein, Junge. Du hast nichts falsch gemacht, es gab einen Stromausfall…" „Aber was wird denn jetzt aus dem Wettbewerb?", unterbrach ihn Lucas. „Gute Frage. Die ganze Straße hat jetzt keinen Strom mehr…"

Da mischte sich auch seine Oma ein: „Ich habe noch ganz viele Kerzen zu Hause liegen, die wir holen können. Dann können wir hier ein kleines Weihnachtsfest machen.". „Super Idee!", stimmte der Bürgermeister sogleich zu. „Die anderen Familien haben bestimmt auch nichts dagegen." „Ja, genau und Plätzchen haben wir auch genug. Dann gibt es dieses Jahr eben keinen Sieger. Zusammen Glühwein trinken ist sowieso viel schöner – besonders an Weihnachten!", schloss sich auch Gustav an. Auch Frau Müller meldete sich zu Wort: „Da haben sie recht, Herr Nachbar. Das Weihnachtsfest ist schließlich das Fest der Liebe."

So kam es, dass Lucas gleich darauf zusammen mit seinen Großeltern, Kerzen und Plätzchen unter den versammelten Zuschauern verteilte. Auch der Glühwein wurde an die Anwesenden, die alt genug waren, ausgeschenkt.

Als dann alle versorgt waren, summte Opa Gustav die Melodie von „Stille Nacht, heilige Nacht" und nacheinander stimmten die anderen mit ein. Die Feste, die von Herzen kommen sind eben immer noch die schönsten.

Frohe Weihnachten!

Michelle Hofmann

Eine Weihnachtsgeschichte

Wir schreiben das Jahr 2008. Um genauer zu sein ist heute Weihnachten. Dieser Tag bedeutete meinem 8-jährigen Ich unglaublich viel. An kaum einem anderen Tag im Jahr empfand ich so viel Glück wie am 24. Dezember, denn wie oft schon werde ich alle 365 Tage mit Geschenken nahezu überhäuft? Nicht, dass ich zum damaligen Zeitpunkt das jemals irgendwie auch nur ansatzweise schlecht fand.

Ganz im Gegenteil, ich würde wirklich gerne wissen, welches noch so schöne Ereignis in meinem Leben mit dieser Euphorie-Ausschüttung konkurrieren könnte. Essen, Familiengespräche, Verwandtenbesuche, alles Dinge, auf die man sich eher weniger gefreut hat. Klingt traurig, ist es in meinen Augen heute auch. 2008 hatte folgendes Prozedere schlicht und ergreifend unbewusst Priorität: Die ganze Familie sitzt oben auf dem Dachboden und liest sich wie in jedem kitschigen Weihnachtsfilm Geschichten über frühere Heilige Abende vor. Der Einzige, der nicht mit von der Partie war, ist mein Vater. Mir wird erzählt: „Jemand muss dem Christkind schließlich die Tür aufmachen und ihm beim Platzieren der Geschenke unter die Arme greifen." Haha, natürlich. Die Glocke läutet, das Zeichen, welches abgemacht war um die Geschenkesüchtigen aus ihrem Versteck zu locken. Nur um dann festzustellen, dass es einem 8-Jährigen gelingen kann, unter 10 Sekunden aus dem 2. Stock ins Erdgeschoss und somit auch vor den Weihnachtsbaum zu sprinten.

Weihnachten nach Weihnachten, Jahr für Jahr genoss ich es vollkommen, am Heiligen Abend meine Geschenke aufzureißen. Doch man wurde älter, man entwickelte sich, kam aufs Gymnasium, auf dem ein immerzu rationaler werdendes Weltbild vermittelt wurde. „Alle Jahre wieder" verlor seine Bedeutung. Mit den Jahren bemerkte ich, dass ich nun in einem Alter war, in dem ich mir so langsam Gedanken machen sollte, was auch ich meiner

Familie schenken sollte. Weihnachtslieder liefen ab Anfang November, welche ab Anfang Dezember nur noch ankotzten. 21., 22., 23. Dezember und man hatte immer noch keine Geschenke. Durchatmen, sich nicht stressen lassen, was du heute kannst besorgen, das verschiebe stets auf morgen. Ein weiser Spruch, der mir damals wie heute hilft, meinen Alltag mit größter Sorgfalt, wie sich versteht, zu bewältigen. Was ich damit sagen will ist, dass selbst das Glockenläuten kurz vor der Bescherung sich verändert hatte. Ja, ich würde sagen, Weihnachten an sich verlor für mich an Sinn.

Was mich zum heutigen Tag bringt, zum 24.12.2017. Rückblickend betrachtet war diese Weihnachtszeit identisch mit der vor einem Jahr, welche genauso sinnlos war. Plätzchen sind zu süß, draußen ist es frustrierend kalt, Geschenke besorgen ein ständiger, aber nie erledigter Punkt auf meiner To-Do Liste. Die doch so bezaubernde und gemütliche Weihnachtszeit war mal wieder Stress pur. Die Zeit rast, schon ist der ehemals lang ersehnte Abend nur noch gut 10 Minuten entfernt. Ich befinde mich wieder oben auf dem Dachboden mit meiner Familie, mein Vater wie gewohnt unten. Doch heute war ich mir sicher, dass er weder dem Christkind noch dem Weihnachtsmann die Tür aufhielt, geschweige denn irgendwem helfen muss, Geschenke vor den Baum zu legen. Er war mittlerweile derjenige, der dabei dringend Hilfe benötigte. Mit langsamem Schritt gehe ich die Treppe hinunter, wo die Bescherung auf uns wartete. Doch mit sprinten hatte dies nichts mehr zu tun. Die Erkenntnis, dass Weihnachten wohl nie wieder so sein würde, wie es einmal war, machte mich traurig, verzweifelt, ja schon fast hoffnungslos.

Unten angekommen, erwartet mein Vater mich mit offenen Armen. Eine innige Umarmung, ungewohnt, sie war länger und fühlte sich richtig gut an. Was war das für ein Gefühl? Ein Gefühl von Geborgenheit, Freude und Liebe. Jetzt in diesem Augenblick, in dem ich keinen Geschenkeberg vor mir liegen sehe, sondern jedem einzelnen meiner derzeit anwesenden Familienmitglieder frohe Weihnachten wünsche, erkenne ich, wie dieser Abend für mich wieder an Sinn gewonnen hat.

Selbstverständlich habe ich danach mit großer Freude meine Geschenke wie in guten alten Zeiten stürmisch aufgerissen.

Moritz Reinhardt

Weihnachtsplätzchen & Sommersonne
Mein bester 24. Dezember

Ich liebe unsere typisch deutschen Weihnachten: die eisige Kälte, das sanfte Kerzenlicht, die Gemütlichkeit, die leckeren Lebkuchen und ganz besonders den Weihnachtsbaum.

Wenn man in einem anderen Land aufwächst oder für längere Zeit dort lebt, gewöhnt man sich schnell an das Klima, die Traditionen und Feste der Einheimischen und die neuen Lebensbedingungen. Das war bei meinen Eltern, meinen Geschwistern und mir auch so, als wir für mehrere Jahre in Mexiko zuhause waren. Dort ist es das ganze Jahr über schön warm, die Mexikaner sind unglaublich nett und es gibt viel Interessantes zu sehen und zu erleben. Nur zur Adventszeit wurden meine Eltern immer etwas angespannt und fühlten sich unwohl, denn das deutsche Weihnachten mit der kalten und erstarrten Landschaft, dem behaglichen Kaminfeuer und dem Plätzchen- und Tannenduft existiert in Mexiko nicht. Stattdessen scheint auch im Dezember die Sonne jeden Tag strahlend vom Himmel, es ist heiß, in jedem Supermarkt dröhnt Jingle Bells aus den Lautsprechern, riesige, knallbunte Weihnachtsfiguren stehen in den Parks und überall gibt es nur künstliche Weihnachtsbäume. Statt besinnlichem Beisammensein gehen am Abend des 24. Dezembers mit großem Lärm überall farbenfrohe Raketen in die Luft.

Hatten wir einige Jahre mit einem Mix aus deutschen und mexikanischen Traditionen gefeiert, beschlossen meine Eltern in diesem Jahr, dass es so nicht weitergehen könne. „Dieses Jahr feiern wir deutsche Weihnachten!", sagte meine Mutter und guckte dabei sehr entschlossen. Aus Deutschland kamen Päckchen mit massenweise Lebkuchen, Kerzen und Christbaumkugeln. Meine Mutter und ich backten Bleche voller Plätzchen, die wir sofort vor meiner kleinen Schwester retten mussten. „Smeckt sea, sea gut!", sagte die nämlich sonst zufrieden kauend. Wenn es abends dämmerte, legten wir deutsche Weihnachtsmusik auf und Bienenwachskerzen verbreiteten ihren Duft im ganzen Haus. Das letzte ungelöste Problem war allerdings unser Weihnachtsbaum.

Wir erkundigten uns bei allen möglichen Leuten, doch egal wen wir fragten und wo wir auch hinfuhren, wir konnten keinen echten Baum finden. Am 23. Dezember jedoch, als wir einen Weihnachtsausflug zu einem nahegelegenen Berg machten, wurden wir von dem Anblick, der sich uns ein wenig später bot, sehr überrascht. Ein Wald mit Bäumen, die den kleinen Fichten in Deutschland zum verwechseln ähnlich sahen. Wir hatten einen Weihnachtsbaum gefunden! „Ich glaube nicht, dass das Gelände jemandem gehört, es stört bestimmt niemanden, wenn wir einen Baum fällen. Ich fahre schnell nach Hause und hole ein Beil", sagte mein Vater. Kurz darauf war er wieder zurück und begann auch sofort mit dem Fällen des Baumes. Plötzlich schrie eine wütende Stimme: „*Señor*, was glauben Sie eigentlich wer Sie sind? Verschwinden Sie und lassen Sie meine Bäume in Ruhe!" Dann konnten wir den Bauern, dem die Stimme gehörte, auch sehen: Er fuchtelte wild mit einer Machete in der Luft herum und hielt sie dann meinem Vater direkt unter die Nase. Schnell rannten wir zurück zum Auto und fuhren davon. Meine kleine Schwester schüttelte empört ihren Kopf und sagte: „Niss nett, der Mann!" Doch das war unsere kleinere Sorge, denn: Wo um Himmelswillen sollten wir jetzt einen echten Weihnachtsbaum herbekommen, wir hatten uns doch schon überall erkundigt?!

Auf dem Heimweg entdeckte ich einen kleinen Lieferwagen an dem fünf verpackte, kleine Bäume lehnten. Sogleich parkte mein Vater am Straßenrand und stieg aus, er verhandelte kurz mit dem Mann, der im Lieferwagen saß, und lud schließlich einen der Bäume in unseren Kofferraum. „Die waren zwar wahrscheinlich eher als Brennholz gedacht, aber wir haben einen Weihnachtsbaum!", meinte er.

Glücklich fuhren wir nach Hause, wir hatten endlich unseren wunderschönen Weihnachtsbaum gefunden. Die Ernüchterung folgte allerdings auf dem Fuß. Als wir den Baum Zuhause im Wohnzimmer aufstellten, kroch ein Skorpion vor uns über den Boden. Meine Mutter wurde bleich, meine kleinen Geschwister schrien erschrocken auf und auch mir wurde sehr mulmig zumute. Doch mein Vater und mein großer Bruder behielten wie immer den Überblick und fingen den Skorpion ein. Anschließend trugen wir zusammen den Baum vors Haus, um ihn von der Müllabfuhr mitnehmen zu lassen, denn wo ein Skorpion ist, ist normalerweise noch ein zweiter, wenn nicht ein ganzes Nest. „Weg mit Skopion-Tannebaum", sagte meine kleine Schwester und nickte traurig.

Draußen fragten unsere mexikanischen Nachbarn interessiert nach, was passiert war. Sie hatten jetzt einen Monat unsere merkwürdigen deutschen Weihnachtsbräuche erlebt und fanden echte Weihnachtsbäume so ziemlich das Unpraktischste und Überflüssigste auf der ganzen Welt. Aber als sie sahen, wie traurig und enttäuscht wir waren, fuhr Señor Navarro weg und kam eine Stunde später mit einer kleinen Fichte zurück. „Die habe ich bei meiner Mutter im Garten gefällt, die braucht den Baum sowieso nicht", erklärte er freudestrahlend. „Señor Navarro sea, sea lieb!", sagte meine kleine Schwester und wir konnten ihr nur zustimmen. Mexikanische Nettigkeit, sage ich nur.

Am Abend schmückten wir alle zusammen unseren Weihnachtsbaum. Wir hängten die hübschen Glaskugeln mit Weihnachtsmotiven von unserer Oma aus dem bayerischen Wald auf, steckten den selbstgebastelten Stern von unseren kleinen Cousins auf die Spitze und legten auch schon die ersten Geschenke darunter. Außerdem naschten wir zwischendurch Plätzchen und hatten unglaublich viel Spaß. Voller Vorfreude auf den nächsten Tag gingen wir ins Bett.

Am nächsten Morgen, dem 24. Dezember, wurde ich von einem lauten Knall aus dem Erdgeschoss geweckt, es klirrte und polterte und jemand schrie erschrocken auf. Ich sprang aus dem Bett und rannte die Treppe hinunter in unser Wohnzimmer. Neben dem umgestürzten, zerknickten Weihnachtsbaum, um den herum zerbrochene Glaskugeln lagen, hockte meine kleine Schwester in einer großen Wasserlache und schaute ziemlich betreten drein. Sie hielt eine Gießkanne in der Hand und sagte leise: „Tannebaum dießen?"

Meine Geschwister und ich standen sprachlos im Wohnzimmer, blickten mit Tränen in den Augen auf die Verwüstung, während die Pfütze sich immer weiter um den am Boden liegenden Baum ausbreitete und die Geschenke sich schon langsam vollsogen. Meine Eltern sahen sich entsetzt an - und fingen dann gleichzeitig an zu lachen. Meine Mutter rief: „¡*Viva México!*" Meine Vater sagte nickend: „Ja, es lebe Mexiko!" Und auch meine kleine Schwester fiel sofort ein: „¡*Viva México! ¡Viva México!* ...*" Sie konnte kaum genug von den Worten bekommen. „Deutsche Weihnachten in Mexiko zu feiern, ist eh eine doofe Idee", sagte mein großer Bruder. Wir räumten das Chaos im Wohnzimmer auf und breiteten die feuchten Geschenke auf Handtüchern in der Sonne zum Trocknen aus.

Dann feierten wir unser erstes richtig mexikanisches Weihnachten. Zum Frühstück saßen wir bei herrlichem Sonnenschein draußen in einem Café, tranken literweise frisch gepressten Fruchtsaft und aßen Obstsalat und gebratene Eier. Dann kauften wir den glitzerndsten künstlichen Plastikbaum, den wir finden konnten, bunt blinkende Lichterketten, CDs mit mexikanischen Weihnachtsliedern und eine sternförmige Piñata, eine mit Krepppapier umwickelte Figur aus Pappe, die meine Eltern mit Süßigkeiten füllten.

Mittags schwammen wir eine Runde im Freibad, schauten den Vorführungen von Clowns und Straßenkünstlern auf dem Marktplatz zu und genossen die warme Sonne. Am Nachmittag feierten wir mit der Nachbarsfamilie im Garten: Wir schlugen die Piñata, die Erwachsenen tranken Tequila, die Kinder (echt mexikanisch) Cola und später aßen alle Berge von Tacos. Außerdem spielten wir ein mexikanisches Fangspiel und jagten uns gegenseitig durch den Garten. Als wir später am Abend erschöpft in die Gartenstühle fielen, begannen auch schon zahlreiche Leute, Raketen in die Luft zu schießen. Überall um uns herum knallten Böller und der Himmel leuchtete in allen Farben. Begeistert sah meine kleine Schwester gen Himmel und flüsterte mir dann ins Ohr: „Sööön, Mali, so sööön!"

Ein dreiviertel Jahr später kehrten wir nach Deutschland zurück, seitdem gibt es wieder deutsche Weihnachten bei uns Zuhause. Aber der 24. Dezember, an den wir uns alle am liebsten zurückerinnern, ist der, der mit dem umgekippten Weihnachtsbaum begann. Manchmal sitzen wir jetzt an Weihnachten unterm Tannenbaum, schauen uns an und mein großer Bruder sagt: „Tannebaum dießen!" „¡Viva México!", rufen die anderen dann und wir schütten uns aus vor Lachen. ¡Feliz Navidad!

Mali Gülich

179

Wenn jemand fehlt

Weihnachten – das Fest der Liebe,
Lichterglanz und stiller Friede.
Geschenke unterm Tannenbaum,
alles wie im Kindertraum.

Das alles ist nur Illusion!
Eine verblendete Vision!
Ich werde nun die Wahrheit sagen –
doch hören will ich keine Klagen.

Essen, schenken, lachen,
man macht all diese Sachen.
Was man dabei vergisst?
Das man andere vermisst!

Ein Platz am Tisch bleibt frei,
im nächsten Jahr dann zwei.
Die Zeit ist knapp, begrenzt,
keine Sekunde wird ergänzt.

Im Lichterglanz der Kerzen,
wird einem oft bewusst,
wie sehr Verluste schmerzen,
es gibt auch Weihnachtsfrust.

Das soll jetzt gar nicht heißen:
Weihnachten ist schlecht.
Es soll darauf hinweisen:
Menschen, seid doch echt!

Wer traurig ist am Feste,
manch' einen lieben Mensch vermisst,
es ist das Allerbeste,
wenn man die Trauer nicht vergisst.

Weihnachten heißt Familie,
man spielt ganz viele Spiele.
Man genießt Zusammensein,
und ist dann doch allein.

Unsere Geschichten & Gedichte

But there is no „Weihnachten" in Syria

Komm schon! Komm schon! Bleib nicht stehen!"
Eine kleine Familie, in der Menge kaum zu sehen
Unendlich viele Papiere und Unsicherheit.
„Mama, ich kann nicht mehr! Wann ist es soweit?"
Sie blickt auf ihren kleinen Sohn
Und dann hinüber zum endlosen Menschenstrom.
Hunderte Fremde. Sehnsucht. Gleiches Ziel.
„Keine Sorge, es ist nicht mehr viel."
Sie hofft es jedenfalls. Schon seit Tagen geht es so.
Eine Stadt nach der anderen. Ein karges Feld im Nirgendwo.

„Komm, das Auto hat noch einen Platz!", schreit es aus dem Wagen.
Sie kann sich setzen. Für eine Zeit ist es aus mit dem Tragen.
„Mama, wer ist das? Kennst du diese Leute?"
„Mach dir keine Sorgen. Sie bringen uns zu Papa und das noch heute."
Ein kleines Lächeln verschlossen hinter schwarzem Glas.
Es gibt keine Rücksicht. Der Fremde drückt aufs Gas.
-„Sie sind immer an Tankstellen."- „Ja wir bleiben nicht stehen."
Und ein weiteres Mal wird ihr klar, dies, ihre letzte Hoffnung, ist ein Vergehen.
Sie drückt ihren Kleinen an sich. Fährt ihm mit der Hand durchs Haar.
Und in diesem Moment blendet alle dieses helle Licht. Die blaue Gefahr.

Der Fremde beschleunigt und ruft laut: „Gott du bist groß!"
Ein leiser Seufzer, eine Träne fällt in ihren Schoß.
„Halt! Get outside! Bundespolizei!"
Diese dunkle Fahrt ist jetzt vorbei.

Sie steigt aus und blickt die Beamten an.
„Germany?", frägt der Fahrer dann
„Dienst an Weihnachten und das sechste Auto, war ja klar!"
Die Mutter blickt hinunter zu ihrem Sohn: „I'm sorry –
But there is no „Weihnachten" in Syria…"

Jacqueline Hitér

Atmen. Ein und aus.

Es ist still, zumindest draußen, aber das ist es nicht, was zählt. Das Leben draußen - stürmisch, schnelllebig und stressig. Ich bin jetzt aber nicht da draußen, ans Bett gefesselt, mit dröhnendem Kopf, ist das einzige, was mir bleibt: Ich selbst. Meine Gedanken, meine Phantasien, meine Gefühle.

Mein größter Albtraum war es und wird es wahrscheinlich auch immer bleiben, allein zu sein. Nur mit mir, allein, isoliert. Aber ich kann nun mal nicht immer alles bestimmen, leider, zum Glück. Mein Körper hat gegen mich entschieden, aus welchem Grund? Ist das überhaupt wichtig? Ist die Frage, was ich daraus mache, nicht viel wichtiger? Viel Angst einflößender?

Alleine an Weihnachten? Freudlos, trübselig, elend? Ja, ich bin alleine, ja ich bin auch einsam, aber ich bin nicht traurig. Der 24.: ein durchschnittlicher Tag, der Dezember: ein durchschnittlicher Monat, in einem durchschnittlichen Jahr.

Was macht Weihnachten aus? Kein Tag, kein Monat ist Grund genug, um ihn mit so vielen Emotionen zu verknüpfen. Wir verbinden ihn mit Menschen, Tradition, Gesten. Ist es deswegen noch trauriger, alleine zu sein? Aber ich kann auch glücklich sein mit mir selbst. Das ist kein Egoismus, das bedeutet nur, mit dem Nötigsten anzufangen, eine Basis zu bilden und sie danach mit anderen Menschen, Tradition und Gesten zu erweitern.

Mein Weihnachten - bedeutet Erkenntnis von dem, was ich habe und dem was ich will.

Juliana Tonn

Der schönste Tag des Jahres

Heut ist der Tag! Heut ist der Tag!", sagt die kleine Lilly aufgeregt. Heute ist der 24. Dezember. Heute ist Weihnachten. Meiner Meinung nach der schönste Tag des Jahres. Die ganze Familie kommt zusammen, man genießt gemeinsam die festliche Stimmung und das köstliche Essen. Es ist einfach wunderbar. Obwohl Papa Hausner und Mama Hausner nicht meine richtigen Eltern sind, gehöre ich trotzdem zur Familie.

Wie jedes Jahr gehen wir bestimmten Traditionen nach.

Mama Hausner bereitet für alle das Essen vor. Wie jedes Jahr gibt es am Heiligen Abend Kartoffelsalat und Würstchen. Der Duft strömt in meine Nase. Mein Magen fängt an zu knurren.

Papa Hausner und seine Tochter, die kleine Lilly, schmücken gemeinsam den Baum. Ein herrliches Bäumchen ist es dieses Jahr. Der Duft der Tannennadeln strömt in meine Nase. Die Tanne kommt mir jedes Jahr aufs Neue so riesig vor. Ist jedoch eigentlich auch nicht sonderbar, da ich für mein Alter eher klein bin und die ganze Welt und einfach alles und jeden aus der Froschperspektive betrachte. Aber ein grünes, glitschiges Wesen bin ich nicht.

Luca, der älteste Sohn der Hausners, macht wortwörtlich nichts an Weihnachten. Er ist ein sehr faules Wesen der Spezies Teenager. Jedoch kann man sagen, dass er es sich auch mal verdient hat, nichts zu tun. Luca hat im Sommer sein Abitur bestanden. Dafür hat er mehrere Wochen jeden Tag intensiv gelernt. Besonders Mathe ist ihm schwergefallen. Aber das braucht man eigentlich auch nicht wirklich im Leben. Die ganzen Zahlen und Buchstaben verwirren mich. Was ist eine Mitternachtsformel? Beschäftigt sich diese Formel mit der Nacht? Was hat das denn bitteschön mit Mathe zu tun? Luca geht außerdem seit einem guten Jahr ins Fitnessstudio. Und das sieht man ihm auch an. Seine Oberarme sind wirklich richtig krass trainiert. Um ganz ehrlich zu sein, er sieht echt gut aus. Also so richtig, richtig gut. Wenn ich es nicht besser wüsste, würde ich sagen, ich schwärme ein bisschen für ihn. Aber ich kann unmöglich mit ihm zusammen sein. Er beachtet mich auch nicht wirklich. Er hat nur seine Kumpels und Partys im Kopf.

Die Großeltern der Familie Hausner backen alljährlich wunderschön verzierte Plätzchen und bringen sie an Weihnachten mit. Ein wunderbares Gebäck ist es jedes Jahr. Die Kekse haben immer die lustigsten Formen. Da gab es zum Beispiel schon Winnie Pooh Plätzchen für die kleine Lilly oder auch Star Wars Plätzchen für Luca. Zuerst meinte er, er wäre doch viel zu alt für solche kindischen Plätzchen, aber er hat sie dann doch heimlich gegessen und sah sehr zufrieden und glücklich dabei aus.

Die Großeltern bringen nicht nur die schönsten Plätzchen der Welt mit, sie erzählen auch jedes Jahr an Weihnachten die schönsten Geschichten. Ich bin schon sehr gespannt, welche Geschichte sie dieses Jahr erzählen werden. Die Geschichte vom letzten Jahr fand ich besonders schön. Da ging es darum, wie sich die Großeltern kennengelernt haben.

Oma und Opa Hausner lebten damals im gleichen kleinen Dorf. So kam es dazu, dass sich die Großeltern seit ihrer Kindheit sehr oft gesehen haben. Anfangs konnten sich die beiden nicht leiden. Er ärgerte sie oft, indem er sie im Winter mit Schneebällen bewarf oder im Sommer, wenn alle baden waren, ihre Klamotten versteckte. Im Frühling und Herbst verschonte Opa Hausner Oma Hausner nicht. Zu dieser Zeit erschreckte er sie oft. Oma Hausner gefiel das alles gar nicht, jedoch wehrte sie sich auch nicht dagegen. Sie wollte ihn einfach nur ignorieren. So ging es viele, viele Jahre, doch wie der Zufall es so wollte, kam es an einem Weihnachtsabend dazu, dass die beiden alleine unter einem Mistelzweig standen und sich küssten. Zu der Zeit waren beide 18. Seit diesem Tag sind beide ein Paar. Opa Hausner gestand Oma Hausner an diesem Weihnachten seine Liebe. Er habe sie die ganzen Jahre nur geärgert, um ihre Aufmerksamkeit zu bekommen. Für die Großeltern ist Weihnachten der Tag der Liebe. An diesem Tag soll man alle Sorgen und den ganzen Stress, der sich übers Jahr angesammelt hat, vergessen. An diesem Tag soll man die Zeit mit seinen Liebsten verbringen.

Als Mama Hausner das Glöckchen klingelt, werde ich aus meinen Gedanken gerissen. Kurz darauf begeben sich alle ins Wohnzimmer. Unter dem festlich geschmückten Weihnachtsbaum liegen viele Geschenke. Jetzt kommt mein Lieblingspart des Abends.

Als Lebkuchenmännchen stehe ich ganz still vor meinem Lebkuchenhaus und beobachte, wie jedes Jahr, den Heiligen Abend bei der Familie Hausner.

Klara Mowitz

...und da sagen immer alle, schwarze Katzen bringen Unglück!

Weihnachtszauber überall? Rein optisch, ja. Das Haus war feierlich geschmückt mit Strohsternen, nach Vanille duftenden Kerzen und klitzekleinen Weihnachtsengeln. Innerlich sah die Sache aber ganz anders aus. Das Leuchten der Kerzen erreichte die Augen der Bewohner nun schon seit zwei Monaten nicht mehr. Der Vorfreude versprechende Advent zog sich zu einer endlos scheinenden Schleife von Eintönigkeit und Einsamkeit. Die Herzen blieben trotz des Holzofens kalt und leer. Jeden Tag dieselben Lieder im Radio über Licht, Hoffnung und Freude. Fast war es so, als hoffe man, dass es wahr werden könnte, wenn man es sich nur oft genug vorsagen würde.

Vor zwei Monaten war es geschehen. Vor zwei endlosen Monaten und doch war die Wunde so schmerzhaft frisch. Unser aller bester Freund hat uns verlassen. Er war das Herz und die Seele des Hauses gewesen. In seiner Anwesenheit hatten sich alle amüsiert, sogar der alte Georg, der Griesgram. Er hatte wie ein Baby vor Freude gegluckst, als Nepomuk das Schachspiel von Helmut und Margot eher rigoros unterbrach, obwohl er sich eigentlich nur umdrehen wollte. Er erschreckte sich selbst so sehr vor den herunterfallenden Figuren, dass er wie der Blitz aus dem Aufenthaltsraum unseres Seniorenheims schoss und dabei fast Marie, unsere bezaubernde Pflegerin, umwarf.

Ja, das ist eine unserer liebsten Erinnerungen mit unserem Nepomuk. Jetzt ist Heiligabend wirklich nur noch einen Katzensprung entfernt und er ist nicht da, um es mit uns allen zu feiern. Jeden Morgen halfen wir zusammen und fütterten, streichelten und verwöhnten ihn. Wir brachten ihn auf einem Rollator in die Zimmer der Bewohner, die auf ihr Bett angewiesen sind. Sie freuten sich jeden Tag aufs Neue unheimlich auf diese Besuche.

Eines Morgens jedoch konnten wir ihn nirgendwo finden. Wir stellten das gesamte Haus auf den Kopf, doch wir konnten ihn nicht entdecken. Einige gaben sofort alle Hoffnung auf, ihn jemals wiederzusehen. Er könne ja überall und nirgends sein! Ihm könne etwas Schreckliches zugestoßen sein! Die Bilder wollten uns einfach nicht mehr aus den Köpfen, wir alle machten uns furchtbare Sorgen um ihn. Hoffentlich ist er nicht überfahren worden! Man würde ihn nachts sehr leicht übersehen mit seinem rauchschwarzen Fell, noch dazu war er relativ klein für einen erwachsenen Kater!

Wir hatten immer noch einen kleinen Rest an Hoffnung in uns, morgen war ja schließlich Weihnachten! Wir Bewohner hatten alle zusammen einen Wunschzettel an das Christkind geschrieben. Unser erster und einziger Wunsch war, Nepomuk wiederzubekommen! Es war einfach nicht dasselbe ohne ihn.

Ob ein Weihnachtswunder wirklich geschehen kann oder nur ein Trick aus Filmen war, war uns allen egal. Wir wünschten es uns nur so sehnlichst herbei, unseren schwarzen kleinen Sonnenschein wieder in unserem Aufenthaltsraum zu sehen.

Der Tag ist gekommen. Heiligabend. Wir gingen alle miteinander zur Messe und anschließend stand das gemeinsame Abendessen auf dem Plan. Über dem allgegenwärtigen Radiogedudel hörten wir auf einmal ein leises Miauen. Erst dachten wir, unsere in die Jahre gekommenen Ohren würden uns einen Streich spielen, doch dann wurde es immer lauter und die Tür des Esszimmers schwang auf. Marie kam mit einem schwarzen Fellknäuel auf dem Arm hinein. Jetzt waren es die alten Augen, an welchen gezweifelt wurde.

Marie setzte das kleine, zierliche Tierchen ab und es huschte sofort zu seinem liebsten Ort im ganzen Haus, dem Bänkchen vor dem Holzofen mitten im Raum. Nun leuchteten auch die letzten trüben Augenpaare vor Freude und Erleichterung auf. Nach und nach gesellten sich alle Bewohner um den Holzofen herum und beobachteten ungläubig das kleine Kätzchen, das sich erst wohlig räkelte, sich zusammenrollte und leise anfing zu schnarchen. „Aber das ist ja gar nicht unser Nepomuk!", sagte Margot. Marie antwortete: „Nein, ist es nicht. Nepomuk ist noch vor der Tür bei seiner neuen Freundin und seinem Nachwuchs." Da wurden alle Augen und Münder sogar noch größer als zuvor. Das Weihnachtswunder ist also doch geschehen! Von nun an gibt es nicht nur einen Platz auf der Bank vor dem Holzofen, sondern gleich fünf – und sie lebten glücklich bis ans Ende ihrer Tage.

Lea Schaller

Ein Tag voller Überraschungen

Ich höre ein Klirren. Dann Fluchen. Ich setze mich auf. Was ist das? Ist das etwa ein Einbrecher? Noch mehr Fluchen. Jetzt erkenne ich die Stimme. Aber das kann nicht sein. Mum und Dad haben doch gesagt, er würde es nicht schaffen!

Ich stehe schnell auf und renne die Treppe hinunter. In der Küche angekommen, sehe ich ein riesiges Chaos. Mehl und Teig sind überall verteilt. Nicht nur auf der Arbeitsfläche, auch auf dem Boden und an der Wand. Wie ist das denn passiert? Und mittendrin das beste Weihnachtsgeschenk überhaupt.

„Ollie?", frage ich. Er dreht sich erschrocken um. „Prinzessin? Oh nein, hab ich dich doch geweckt. Überraschung!" Er lächelt verlegen und streckt die Arme aus. Ich ergreife die Chance und umarme ihn fest. „Ich dachte, du kommst nicht. Ich bin so froh dich zu sehen! Wie lang bleibst du? Bist du zur Bescherung da?"

„Nicht so stürmisch, meine Kleine. Ja, ich bleibe noch ein paar Tage. So schnell wirst du mich nicht wieder los", verspricht er mir lachend.

„Um Gottes Willen! Was ist denn hier passiert?" Ups, wir haben wohl nicht gemerkt, wie Mum gekommen ist. „Ich habe versucht, Plätzchen zu backen. Das ist nicht ganz so gelaufen, wie ich wollte", beichtet mein Bruder kleinlaut. „Na gut. Dann räumen wir jetzt erst mal ein wenig auf und dann können wir es nochmal zusammen versuchen", kommandiert Mum und versucht, sich das Lachen zu verkneifen.

Wir räumen die Küche auf und backen meine Lieblingsplätzchen. Die mit der Zuckerglasur und den bunten Streuseln. Was für ein Spaß.

„Gehen wir heute auf den Weihnachtsmarkt? Bitte, bitte, bitte!", bettelnd sehe ich zu meinem Bruder hinauf, als wir gerade zusammen die letzten Plätzchen verzieren. „Okay, Prinzessin.

Aber zuerst ziehst du dir was Schönes an und isst noch dein Müsli. Und vergiss nicht, Zähne zu putzen."

Ich will unbedingt zum Weihnachtsmarkt, also mache ich genau das, was Ollie gesagt hat.

„Können wir jetzt los?", frage ich ungeduldig. „Ja, zieh dir schon mal deine Schuhe an. Wir gehen aber nur zu zweit. Mum und Dad müssen noch kurz zur Arbeit."

„Aber heute ist Weihnachten! Wieso müssen sie denn immer arbeiten?" „Sei nicht so traurig, Kleines. Sie haben eben zur Zeit viel zu tun." Traurig denke ich: „Das ist ja nicht nur in letzter Zeit so, das war schon immer. Und wenn Ollie nicht da ist, habe ich niemanden, der mit mir spielt."

Im Auto hören wir Radio. Auf einmal fängt Ollie an mitzusingen. Es klingt so schrecklich, dass ich lachen muss. „Ollie, das klingt echt schlimm." „Dann zeig doch mal, was du so drauf hast", fordert er mich auf. „Okay, ich zeig dir jetzt, wie das geht." Als ich das Lied gesungen habe, fällt mir auf, dass Ollie ganz still geworden ist. „Was denn? War es so schlimm?", frage ich. „Nein im Gegenteil, Prinzessin. Das war wunderschön. Deine Stimme ist echt toll. Du wirst bestimmt mal berühmt." Verlegen lachend antworte ich: „Übertreib doch nicht so, Ollie!"

Dann singen wir gemeinsam die nächsten Lieder mit, bis wir am Weihnachtsmarkt angekommen sind.

„Was willst du denn alles machen?", fragt mein Bruder, „wollen wir was essen?" „Ja! Krieg ich auch gebrannte Mandeln?" „Klar, wenn du willst."

Wir laufen über den Weihnachtsmarkt, trinken Kinderpunsch und essen gebrannte Mandeln. Als wir an einem Schießstand vorbeikommen, sagt Ollie verwundert: „Seit wann gibt es denn sowas bei uns? Warte mal kurz hier am Tisch, Prinzessin." Nach ein paar Minuten kommt er wieder zurück und hockt sich mit mir auf Augenhöhe. Er holt hinter seinem Rücken ein Plüscheinhorn hervor. „Oh ist das süß. Ist das für mich?", frage ich. „Ja klar,

Prinzessin, alles nur für dich." „Danke Ollie. Das ist echt flauschig", freue ich mich.

Wir gehen weiter und kommen an einem Süßigkeitenstand vorbei. Ich sehe ein riesiges Lebkuchenherz, das echt schön ist. „Ollie, krieg ich das auch?", ich zeige auf das Herz. Er antwortet: „Du hast doch schon das Einhorn. Außerdem schenkt man sowas eher der festen Freundin. Das kriegst du dann später mal von deinem Freund. Aber weißt du, Kleines, du kannst dir da ruhig noch ganz lange Zeit lassen." „Na gut."

Wir gehen weiter und kommen zu einem schön beleuchteten Karussell. „Darf ich damit fahren?", frage ich meinen Bruder. Lachend bejaht er meine Bitte.

Ich suche mir ein wunderschönes Pferd aus und setze mich in den Sattel. Die festliche Musik ertönt, und das Karussell beginnt, sich zu drehen. Das macht Spaß. Ich halte mich mit einem Arm an der Stange fest und strecke den anderen aus, um den Fahrtwind zu spüren. Der Wind streicht um meine Finger und lässt mein Armband klimpern. Es ist ein kleines, goldenes Armband mit Sternenanhängern, die jetzt in der Luft schweben. Ich sehe Ollie vor dem Karussell stehen und winke ihm lachend zu. Er winkt genauso fröhlich zurück. Die Lichter der Weihnachtsgirlanden verschwimmen vor meinem Auge.

Plötzlich höre ich eine Stimme, die die weihnachtliche Musik übertönt. Sie sagt zu mir: „Du immer mit deiner Tagträumerei. Wie oft muss ich dir noch sagen, dass du deine Aufgaben erledigen musst. Du weißt doch, dass jeder hier im Waisenhaus mithelfen muss, Joy."

Jessica Gruschwitz

Weihnachten in Australien

Ich schaute aus dem Fenster, die Sonne schien und es war strahlend blauer Himmel, genau das, was man sich für Weihnachten eigentlich wünscht. Dann schaute ich an mir hinunter, kurze Hose, Top und barfuß. Ich schüttelte den Kopf, Weihnachten im Sommer klingt einfach nicht richtig. An Weihnachten muss es doch kalt sein und schneien! Ich bin so gar nicht in Weihnachtsstimmung. Unser Haus war zwar geschmückt mit eigentlich denselben Gegenständen wie in Deutschland, aber irgendwie passte es nicht. Mal ehrlich, die Hälfte der Personen hier hat noch nie in ihrem Leben Schnee gesehen und es liegt hier sowieso nie Schnee. Wieso also hat man dann Dekorationen, die mit Schnee überzogen sind? Für mich machte das alles keinen Sinn. Ich lief aus meinem Zimmer in Richtung Wohnzimmer. Es roch nach Tannenbaum, meine Gastmum hatte wohl ihr Duftspray wieder herumgesprüht, denn unser Tannenbaum war aus Plastik. Noch ein Unterschied zu daheim. Außerdem war er völlig überladen und kitschig, nicht dass er nicht schön aussah, aber er war nach dem typisch englischen Klischee dekoriert. Es lagen schon Haufenweise Geschenke unter dem Baum, obwohl es erst Christmas Eve war. In Australien gibt es die Bescherung nämlich erst am Morgen des Christmas Days, die Geschenke legt man aber, sobald man sie eingepackt hat, unter den Weihnachtsbaum. Als kleines Kind muss das doch schrecklich sein, sobald der Baum aufgestellt ist, muss man tagtäglich seine Geschenke ansehen und sich fragen, was da drinnen ist. Ach ja – aufgestellt wird der Baum schon zu Beginn der Adventszeit. Morgen früh würden wir also alle zusammen unsere Geschenke aufmachen und danach gemütlich gemeinsam essen, also eigentlich wie zuhause, nur eben um etwa 12 Stunden verschoben. Ich öffnete die Haustüre und machte einen Schritt nach draußen. Puh, das ist aber ganz schön warm. Ich schaute auf mein Handy, 40°C. Ich seufzte, wieso auch nicht, Weihnachten bei Temperaturen höher als wir sie in Deutschland je haben. Ich machte mich auf den Weg Richtung Hauptstraße, überall Weihnachtslichter, die den ganzen Tag brennen. Wenn man nachts hier durch die Gegend fährt, war es nur ein einziges blinken und leuchten. Die übertreiben hier echt mit Lichterketten und sonstigen Dekorationen im Garten. Naja, wenn schon keine Weihnachtsstimmung durch das Wetter aufkommt, dann wenigstens durch den Schmuck. Ich lief am Strand vorbei und sah Familien picknicken und im Wasser spielen. Ich schüttelte erneut ungläubig den Kopf. Weihnachten im Sommer, komisches Gefühl. Überall sah ich glückliche Familien den Tag genießen, leider mussten meine Gasteltern arbeiten, weshalb ich den Tag, zumindest bis nachmittags, alleine verbringen durfte. Abends würden auch wir mit den Geschwistern Weihnachten feiern, zumindest fast, Geschenke gibt es ja erst morgen, aber wir hatten ein großes Essen, da Teile der Familie von weither kommen. Ich schaute auf mein Handy, meine Gastmum hatte mir geschrieben, ob ich nicht ein Geschenk für sie abholen könnte. Klar, ich hab ja nichts zu tun.

Merry Christmas, wünschte mir die Verkäuferin, als ich den Shop verließ. Merry Christmas, wünschte ich zurück. Als ich die Straße entlang schaute, merkte ich, dass sich der Trubel langsam gelegt hat, denn die meisten Geschäfte schließen um 12 Uhr mittags. Morgen wird fast gar nichts offen haben. Als ich dann wieder zuhause ankam und das Haus aufsperrte, kam mir ein Gedanke. Eigentlich ist es doch total egal, wo auf der Welt, zu welcher Jahreszeit und bei welchem Wetter man Weihnachten feiert. An Weihnachten geht es doch nur um Familie und da ist es egal, wo man ist.

Anne Denzlein

Was wäre wenn?

Sanft wabernde Schleier steigen aus der weißen Keramiktasse empor, ein kaum sichtbarer Hinweis auf die wohlige Wärme der dunklen Flüssigkeit darin, die bereits auf die Hälfte ihres ursprünglichen Volumens reduziert wurde. Ein leises stetiges Schaben erklingt aufgrund des metallenen Löffels, der in langsamen Kreisen den Kakao durchschneidet und dessen Oberfläche demselben Muster folgen lässt. Die schlanke Hand, die das abgerundete Ende des Löffelhalses träge herumführt, kommt zum Stillstand, als ihr Besitzer sie - vollkommen in Gedanken versunken - sinken lässt und auf dem dunklen, leicht rauen Holztisch ablegt, den der schwarzhaarige Junge mittlerweile als seinen Stammplatz bezeichnet - schließlich kommt er fast jeden Tag hierher, um eine Tasse seines Lieblingsgetränkes zu genießen, bevor er in die Schule muss, wo er sich dem alltäglichen Kampf um gute Noten stellt.

Nur ist genau das heute nicht der Fall. Schließlich ist Donnerstag, der Tag mit den vermutlich besten 25 Stunden in der Woche eines jeden Schülers: der einzige freie Tag der Woche.

Noch immer ist der verträumte Blick des Jungen mit der leicht unordentlichen Frisur auf die Welt hinter der Glasscheibe gerichtet - er hatte es so früh am Morgen zu nicht mehr gebracht, als einen schwarzen übergroßen Pulli mit Jeans in derselben Farbe zu kombinieren und sich drei (vielleicht waren es auch ganze vier Mal) mit einem Kamm durch die Haare zu fahren. Kaum fünf Minuten später hatte er überstürzt das kuschelig warme Haus verlassen und war hierher geeilt. Es waren gerademal zehn Minuten mit dem Bus und weitere fünf Minuten zu Fuß zu seinem derzeitigen Aufenthaltsort gewesen und trotzdem hatte der eiskalte Wind, durchwebt mit winzigen Eiskristallen, es geschafft, seine Wangen und Nasenspitze in ein zartes Rot zu färben.

Schon längst sind diese Spuren der eisigen Kälte verblasst und lassen seine Haut mit ihrer porzellanartigen Perfektheit zurück. Er seufzt leise und mustert die Eisblumen, die das Glas von außen mit ihrer natürlichen Schönheit verzieren, bevor er den Blick etwas weiter hebt, um die schneebedeckte Straße dahinter zu betrachten. Es ist kaum jemand zu sehen. Die meisten Leute ziehen es vor, donnerstags auszuschlafen, wenn sich ihnen die Möglichkeit bietet, und eigentlich war das auch sein Plan gewesen, wenn nicht... ein leises Klingeln lenkt die Aufmerksamkeit des Dunkelhaarigen von der glitzernden Welt dort draußen auf den kleinen gemütlichen Raum des Cafés, das aber genauso leer ist. Es braucht eigentlich nicht viel, um ihn glücklich zu machen. Nur dieses Café mit seinen roten gepolsterten weichen Stühlen, seinen Lichterketten, der leisen Musik, die genau seinen Geschmack trifft und dem zimtigen Duft in der Luft, vielleicht noch eine Tasse Kakao und natürlich...

"Guten Morgen"

Die Stimme, die ihn anspricht, ist tief, dunkel und auch etwas rau, so wie es eigentlich alle Stimmen sind, wenn man erst vor Kurzem aufgestanden ist und der Schlaf einen noch halb in seinen Fängen hält. Aber der verboten gutaussehende junge Mann, dessen Gesicht nicht so ganz zu seiner Stimme passen will, sieht ganz und gar nicht müde aus. Seine Lippen sind - wie im Grunde eigentlich immer - zu einem Lächeln verzogen. Eines, das winzige Grübchen auf seinen Wangen erscheinen lassen kann, vor allem, wenn er besonders breit grinst, so wie auch jetzt. Es ist die Art Lächeln, das bis in die Augen reicht. Diese strahlen dann mit seinen weißen Zähnen um die Wette, auch wenn sie nicht zahnpastaweiß, sondern von einem dunklen Schokoladenbraun sind (mit 70% Kakao).

Der Angesprochene erwidert das Lächeln, von den Tagträumen zuvor ist nichts mehr zu sehen.

„Hey", begrüßt er nun seinerseits sein Gegenüber, der kurzerhand seinen rechtmäßigen Platz auf der anderen Seite der

Holzplatte einnimmt. Wie selbstverständlich greift dieser nach der vergessenen Tasse Kakao und trinkt einen Schluck der noch warmen Flüssigkeit. Zufrieden nickt er und stellt das weiße Gefäß wieder ab, was ein leises dumpfes Geräusch hervorbringt, als Keramik auf Holz trifft.

„Ich habe nachgedacht!", beginnt der Neuankömmling mit den silbernen Haaren, wie es seiner normalen Art entspricht, ein Gespräch zu eröffnen. Er verzichtet auf belanglose Dinge wie „Na, wie geht es dir? Hast du gut geschlafen?", denn er weiß aus Erfahrung, dass von den meisten Leuten sowieso nur ein „gut" zurückkommen würde. Es ist schließlich meistens nur eine Art rhetorische Frage, die alle Menschen am Anfang ihres Gespräches stellen. Keiner will wirklich wissen, wie es dem anderen geht, sondern nur höflich sein, viel zu beschäftigt mit eigenen Problemen, die sie ihrerseits hinter einem „Gut" verbergen.

Aber Charlie, der Junge mit den silberfarbigen Haaren, ist da anders. Er hält nichts davon, den anderen und sich selbst etwas vorzumachen, also stellt er diese Frage gar nicht erst. Für viele erscheint so etwas gefühllos. „Der hat keine Manieren", sagen sie, aber das war ihm egal, denn er kennt die Wahrheit.

„Und zwar weißt du ja, dass heute der 24. ist, nicht wahr?" Der andere nickt und beobachtet, wie die Sonnenstrahlen, die durch das Fenster fallen, die ungewöhnliche Haarfarbe seines Gegenübers zum Leuchten bringen und fragt sich, wieso Charlie noch keine Glatze hatte, sooft wie er sie färbte.

„Das heißt in drei Tagen ist Weihnachten", fügt er dann hinzu.

„Genau", Charlie nickt bedächtig. Der Schwarzhaarige bleibt stumm und wartet darauf, dass er weiterspricht, sich fragend, worauf der andere hinauswill. Doch er macht sich nicht die Mühe, überhaupt Vermutungen aufzustellen.

Die Tasse steht immer noch da, wo Charlie sie abgestellt hatte. Jetzt steigt kein Dampf mehr auf, aber sicher ist der Kakao noch warm, es ist schließlich nicht allzu lange her, dass er ihn bestellt hatte. Er greift nach dem Löffel und nimmt das Rühren wieder auf. *In drei Tagen schon...* und er weiß immer noch nicht, was er seinem Freund schenken soll. Oder ob er *es* ihm sagen soll. Vermutlich läge er jetzt noch im Bett, wenn Charlie ihn nicht herbestellt hätte, doch für den anderen würde er alles tun, selbst auf seinen noch so geliebten Schlaf verzichten. Und noch so viel mehr... das, was er sich von Charlie zu Weihnachten wünscht, ist unmöglich. Immer noch lässt er den Löffel Kreise ziehen. Charlie sagt nichts. Er scheint selbst etwas in Gedanken versunken zu sein. Worüber auch immer er nachdenkt, es ist dem Schwarzhaarigen immer ein Rätsel, der Typ war ein Buch mit sieben Siegeln. Der Löffel nimmt jetzt Fahrt auf, sodass sich ein kleiner Strudel in der Mitte der Tasse bildet. „Was wäre...", beginnt Charlie, doch er verstummt gleich wieder. Auf einmal grinst er noch breiter, sodass seine Augen ganz klein werden. „Was wäre, wenn wir nur in einer anderen Realität leben?" Der Junge im schwarzen Pulli blinzelt. „Was?" „Naja... vielleicht gibt es irgendwo eine andere Realität... stell dir das vor! Vielleicht ist da nicht am 27. sondern heute Weihnachten..." Er lässt diese Gedanken in der Luft hängen. Sie schweigen beide für einen Moment, sinnieren darüber nach.

Dunkle Haare wackeln, als der zugehörige Kopf geschüttelt wird. „Und dafür hast du mich so früh hierher bestellt?", schmollt er, doch das ist nicht wirklich ernst gemeint (vielleicht ein bisschen, denn er mag es wirklich, lange zu schlafen). „Hey, das *ist* wichtig!", kommt es sogleich zurück. „Ich hatte letzte Nacht diesen Traum, da war es der 24. Und es *war* Weihnachten. Da war der Baum und die Geschenke und du warst auch da...", der Schwarzhaarige spürt wie seine Wangen leicht heiß werden. Irgendwie freut er sich, dass der andere von ihm geträumt hatte. *So erbärmlich*, denkt er, denn Charlie würde *nie* mehr für ihn empfinden, als bloße Freundschaft.

„...es war so schön!", erzählt der andere weiter, nichts ahnend von den Gedanken des Jungen ihm gegenüber. „Warm, glitzernd... perfekt und dann haben wir u-", auf einmal verstummt Charlie, von dem aufgeregten Jungen ist nichts mehr zu sehen.

Er schluckt und eine zarte Röte breitet sich auf seiner karamellfarbenen Haut aus. Ein ungewöhnlicher Anblick, denn Charlie schämt sich für absolut gar nichts. Nicht dafür, in mitten eines menschenüberfüllten Platzes zu tanzen, auch nicht die seltsamsten Klamotten zu tragen, irgendwelche Fremden Leute anzuquatschen, die er definitiv nicht hätte anquatschen sollen, oder dafür, anders als alle zu sein. Eine Eigenschaft, die der Schwarzhaarige an ihm bewundert. Diese beinahe Schüchternheit, mit der er jetzt auf die Tischplatte starrt, ist so neu, so unerwartet. „W-", sein Herz klopft wie wild, dass er es beinahe nicht schafft, grammatikalisch korrekte Sätze zu formulieren.

„Was... was haben wir... gemacht ...Charlie?", bringt er heraus und seine Stimme klingt etwas heiser. Charlie sagt nichts, schüttelt den Kopf ein weinig, kaut leicht auf seiner Unterlippe. Er scheint mit sich zu ringen. Dann schluckt er erneut und sieht wieder auf. Die Ernsthaftigkeit in seinen tiefen Augen lässt das Herz des anderen für einen Schlag aussetzten. Zitternd nimmt er einen flachen Atemzug und hält Charlies Blick.

„Wir...", sagt dieser schließlich. Und seine Entscheidung ist gefallen. „Das." Und er beugt sich nach vorne. Und die Welt kommt kurz zum Stillstand. Zumindest in dem Café dieser Realität.

Melissa Dreinhöfer

I'll always be with you

Ihre blonden Locken wehten im kalten Wind. Ein Farbenspiel aus goldgelben Komplexen. Wie weiche, leuchtende Wellen aus flüssigem Gold in der rauen Winternacht. Lex blieb in der schwach beleuchteten Gasse stehen, um die Schönheit dieses Moments zu genießen, die Erinnerung für die Ewigkeit festzuhalten. Diese ozeanblauen Augen, in denen man versinken konnte, wenn man sie bloß ansah. Ihre schmale, grazile Nase, deren Nasenspitze von der Kälte leicht gerötet war. Und diese weichen, rosigen Lippen, die im Kontrast zu ihrer blassen Haut leuchteten und sich bei Lex´ erstarrtem Anblick in ein schmales Lächeln verwandelten.

Lex war ihr verfallen.

Sie waren schon seit Monaten zusammen, haben viel gemeinsam erlebt, doch trotzdem sollte dieser Wintertag ein ganz besonderer werden. Mit jedem Schritt wurde Lex nervöser. Das Mädchen, so intelligent und scharfsinnig sie auch war, hatte keine Ahnung, was Zuhause auf sie wartete. Sie nahm Lex bei der Hand und zog den Menschen, den sie über alles auf der Welt liebte, an sich und murmelte mit verspielter Stimme: „Wer zuerst zuhause ist. Los!". Bevor Lex reagieren konnte, war das Mädchen schon hinter der nächsten Ecke verschwunden und es war nur noch ihr Kichern als Echo in der engen Seitenstraße zu hören. Schmunzelnd sprintete Lex ihr hinterher ohne Aussicht auf Erfolg, sie noch irgendwie einzuholen, jedoch gereizt von der Herausforderung.

Schwer atmend und nach Luft schnappend kamen die beiden an ihrer Wohnung an. Die Stille der Nacht wurde durch das Lachen des Mädchens durchbrochen. „Du warst aber auch schon mal besser in Form, Lex!", neckte sie, bevor sie von Lex´ Lippen zum Schweigen gebracht wurde. So standen die beiden in der Kälte, vollkommen verloren in ihren eigenen Gedanken und in dem Kuss, der ihre durchfrorenen Körper in diesem Moment verband. Lex, voller Vorfreude, was den restlichen Verlauf des Abends betraf, konnte es kaum erwarten, dem Mädchen zu zeigen, was in der warmen Wohnung vorbereitet auf sie wartete. Das zitternde Mädchen unterbrach den Kuss, um in ihrer Tasche nach dem Schlüssel zu suchen. „Mach die Augen zu", flüsterte Lex ihr mit lieblicher Stimme zu, als sie vor ihrer Wohnungstür angekommen waren. Sie runzelte verwundert die Stirn, was Lex den Atem verschlug. „Wie kann man einen Menschen nur so sehr lieben?", war der Gedanke, der Lex bei dem Anblick des wunderschönen Mädchens durch den Kopf ging.

Lex war ihr endgültig verfallen.

Die Tür öffnete sich langsam mit einem kaum hörbaren Knarren und sofort strömte ein süßlicher Duft in den Flur. „Mhhhh... riech ich da etwa Plätzchen?", fragte das Mädchen, während sie von Lex geführt den Raum betrat. „Das wirst du gleich sehen", entgegnete Lex, sich bewusst, dass das blonde Mädchen Süßem nicht widerstehen konnte. Lex platzierte das Mädchen mit vor Aufregung zitternden Händen in der Mitte des Wohnzimmers, um dann den Weg zum Lichtschalter anzutreten. Mit nervösem Blick überprüften die Augen das, was der Verstand schon wusste: Es war alles perfekt. Lex holte tief Luft, versuchte vergeblich, das Herzrasen in der Brust unter Kontrolle zu bringen, wischte die schweißnassen Hände an der Hose ab und betätigte schließlich den Lichtschalter. Die ganze Wohnung wurde in das grelle, gelbliche Licht der Lichterketten getaucht. In der Hosentasche kramend, trat Lex den fünf Schritte langen Rückweg zur wichtigsten Person der Welt und dem Anfang des Rests ihrer beider Leben an.

„Mach die Augen auf", sagte Lex gerade laut genug, dass das Mädchen vor ihm es hörte. In dem Moment, als sich ihre Augen öffneten, blieb die Welt für Lex stehen. Das blauäugige Mädchen nahm den Raum in sich auf. Ihr sonst so graues Wohnzimmer war von hunderten kleinen Lämpchen erleuchtet, Rosenblätter waren über alle Flächen verstreut und tauchten den Raum in ein warmes Rot. Ihr Blick fiel auf den Tisch, der von einem riesigen Berg ihrer Lieblingsplätzchen eingenommen wurde. Der Anblick war atemberaubend. Sie war so abgelenkt von dem Raum vor ihr gewesen, dass sie gar nicht bemerkt hatte, wie Lex ihre Hände nahm und auf ein Knie runterging. Lex starrte in das Gesicht der schönsten Person der Welt, als diese das geschmückte Wohnzimmer mit großen Augen betrachtete. Die Augen des Mädchens fielen schließlich auf Lex und wurden noch größer, ihr Mund stand offen und ihre Augen glitzerten mit Tränen.

Lex war ihr unwiderruflich verfallen.

Nachdem Lex all den Mut, den ein Mensch nur haben konnte, zusammengenommen hatte, erfüllte Lex´ zittrige Stimme den Raum. „Wenn ich morgens aufwache, bist du das Erste, was ich sehen will. Wenn ich unterwegs bin, will ich, dass du bei mir bist. Wenn ich alt werde, will ich das mit dir zusammen werden. Du bist das Licht in meinem Leben, meine Luft zum Atmen. Ich kann ohne dich nicht existieren. Einfach gesagt: Du bist die Liebe meines Lebens. Ich will keine Sekunde ohne dich verbringen. Und deswegen frage ich dich hier und jetzt: Willst du den Rest deines Lebens mit mir verbringen?" Lex holte noch einmal tief Luft und öffnete die kleine Schachtel mit dem Ring. „Clarke Griffin, willst du meine Frau werden?"

Die folgenden Sekunden waren die längsten, die Lex je erlebt hat. „Oh mein Gott", war das einzige, was Clarke herausbrachte. Ihr lief eine Träne über die Wange. Schließich fand sie ihre Stimme wieder. „Lex, oh mein Gott. Ja! Ja ich will deine Frau werden." Clarke nahm Lex an der Hand und zog sie hoch. Lex selbst hatte die Antwort noch gar nicht richtig registriert, da hatte sich Clarke auch schon in die Arme ihres zukünftigen Ehepartners geworfen. Wie angewurzelt stand Lex da und wurde erst wieder aus seiner Trance gerissen, als Clarkes Küsse die Luftzufuhr zu lange unterbrachen. Nun liefen auch Lex die Freudentränen über das Gesicht, während sich Clarke den Ring ansteckte, nachdem Lex sich immer noch nicht bewegt hatte. Die beiden fielen sich wieder in die Arme und verharrten an Ort und Stelle bis ihnen die Beine vom Stehen wehtaten. Daraufhin setzten sie sich auf das Sofa und Clarke begann überglücklich ein Plätzchen nach dem anderen zu verschlingen. Lex konnte das eigene Glück gar nicht fassen, geschweige denn den Blick von Clarke abwenden. „Das ist das beste Weihnachten aller Zeiten!", mampfte Clarke, während Lex sie voller Liebe und wie hypnotisiert von ihrer Schönheit anstarrte.

Sie war Clarke für immer und ewig verfallen.

Viktoria Wollweber

Das Weihnachten vom letzten Jahr

Ich ging den langen Flur zu meinem Zimmer entlang. Ich öffnete die Tür zu meinem Zimmer. Als ich hineinging, sah ich meine Mutter auf dem Bett sitzen. Ich lief auf sie zu und rief: „Mamaaa!". Sie umarmte mich so fest sie konnte und fragte: „Wie geht es dir, mein Schatz?" „Heute ganz gut", antwortete ich ihr, „wo sind Papa und Timo?" „Papa ist noch auf der Arbeit und Timo lernt noch für die Schule", sagte sie. „Achso okay", entgegnete ich ihr. Wir spielten ein paar Runden UNO, Monopoly und Kniffel. Als es spät am Nachmittag war, ging Mama nach Hause und ich ging zu Frau Krüger zur Besprechung meiner weiteren Behandlung. Es zog sich ewig, aber ich war ihr trotzdem dankbar, dass sie sich so viel Zeit für mich nahm. Als wir fertig waren, sagte sie: „Mach´s gut Ramona, bis in zwei Wochen." „Danke, bis dann!", antwortete ich. „Ach, und Ramona, ich wünsche dir wunderschöne Weihnachten", rief sie mir hinterher, als ich aus dem Raum ging. „Danke!", sagte ich ihm hinausgehen. Ich hatte es schon glatt vergessen, aber in zwei Tagen ist ja schon wieder Weihnachten. Eigentlich freut man sich mit 15 doch auf Weihnachten, auf Geschenke, auf die leckeren Plätzchen, auf die Familie und auf ruhige Stunden. Aber nicht ich. Ich freute mich nicht auf Weihnachten, weil ich genau am 23. Dezember diese bescheuerte Diagnose erhalten habe. Sie veränderte mein ganzes Leben. Und das meiner Familie ebenfalls.

Als ich mich an diesem Abend ins Bett legte, konnte ich an nichts anderes mehr denken, als an Weihnachten vor einem Jahr. Ich war beim Arzt und als ich wieder hinausging, war mein ganzes Leben ein einziger Scherbenhaufen. Ich wusste nicht weiter. Ich weinte. Meine Mutter weinte auch. Wir saßen auf der Treppe vor dem Krankenhaus und weinten. Beide zusammen. Uns waren die Leute egal, die vorbeigingen und uns komische Blicke zuwarfen. Wir weinten auch, als mein Papa mit meinem Bruder Timo kam, um uns abzuholen. Als die beiden uns sahen, wussten sie sofort Bescheid und fingen auch sofort an zu weinen. So saßen wir vier also vor dem Krankenhaus und weinten. Es war einer der traurigsten Momente in meinem Leben. Am nächsten Tag war Weihnachten. Ich konnte es nicht genießen. Keine einzige Sekunde. Auch nicht als es Geschenke gab und ich meine lang ersehnte Polaroid-Kamera bekam oder als meine Oma mit meinen Cousins, meiner Tante und meinem Onkel am nächsten Tag zu Besuch kamen. Ich musste die ganze Zeit an diese blöde Krankheit denken. Jetzt, ein Jahr später, geht es mir zwar besser, aber dieses Weihnachten werde ich wohl für immer in Erinnerung behalten. Am nächsten Morgen wurde ich von der Krankenschwester geweckt, die mir mein Frühstück brachte. Ich unterhielt mich kurz mit ihr und aß dann mein Brötchen mit Marmelade. Dann ging ich in den Gruppenraum und traf auf Amelia, meine Freundin, die ich hier im Krankenhaus kennengelernt hatte. „Hey, na wie geht es dir?", fragte ich sie. „Mir geht es so viel besser als die letzten Wochen, und dir?", entgegnete sie. „Mir geht es auch ganz gut", antwortete ich. „Und Daniel? Was macht er jetzt eigentlich?" „Ihm geht es gut und er geht in die 9. Klasse. Aber zur Zeit macht er Praktikum in einem Krankenhaus." „Ah cool", freute ich mich. Wir plauderten noch eine ganze Weile und gingen irgendwann in unsere Zimmer. Als ich allein auf dem Bett saß, fing ich an zu weinen. Ich wollte nicht, dass Weihnachten ist. Ich wollte nur mein altes Leben zurück. Ich wollte nur wieder glücklich sein. Aber zuhause und nicht in der Klinik. Ich wollte einfach nur das Leben leben, wie es sich eine 15-Jährige heutzutage wünscht. Dieser Gedanke machte mich noch trauriger. Als ich mich ein wenig beruhigt hatte, musste ich plötzlich daran denken, dass ich das Weihnachtsfest ja eigentlich nur hasste wegen des letzten Jahres. Davor war es immer ein schönes Fest gewesen. Mit meiner Familie und meinen Freunden.

Meinen restlichen Tag verbrachte ich damit, Tagebuch zu schreiben, mit Freunden zu telefonieren und zu lesen. Als ich mich gegen 22 Uhr ins Bett legte, hoffte ich sehr, dass dieses Weihnachten wenigstens ein bisschen besser wird, als das letzte. Ich hatte eine unruhige Nacht und wachte mindestens 5-mal auf. Als mich die Krankenschwester von gestern wieder aufweckte, indem sie hereinkam und mein Essen brachte, war ich aber erstaunlich ausgeschlafen. Meine Mutter kam am Mittag vorbei und brachte mir Plätzchen und Spekulatius mit. Ich erzählte ihr von meinem kleinen Nervenzusammenbruch gestern und von meiner unruhigen Nacht. Sie umarmte mich fest und meinte: „Ach mein Schatz, das tut mir so leid für dich. Ich wünschte, ich könnte dir irgendwie helfen." Sie schluchzte. Dann rollte eine Träne über ihr Gesicht. Ich setzte mich auf ihren Schoß und tröstete sie, indem ich ihre Hand hielt und mich an sie kuschelte. Wir saßen eine ganze Zeit so da, bis es plötzlich an der Tür klopfte.

Mama wischte sich schnell die Träne weg und rief: „Herein!" Es war Frau Krüger und sie lächelte so stark, dass es schon fast unheimlich war. „Hallo Frau Neumann, hallo Ramona", sagte sie. „Hallo!", sagten Mama und ich im Chor. „Ich habe sehr gute Neuigkeiten für dich Ramona", sagte sie und kramte in ihrer Tasche, „deine Laborwerte von vorgestern sind super gut!" „Herr Rietz, Herr Wagner und ich sind uns sicher, dass wir den Tumor erfolgreich bekämpft haben und..." Weiter kam sie nicht, weil ich aufsprang und sie umarmte. Dann umarmte ich Mama und kleine Freudentränen liefen mir über das Gesicht. Ich war so glücklich, dass ich am liebsten gleich nach Hause wollte, um allen davon zu erzählen. Aber Frau Krüger meinte, dass ich noch ein paar Tage zur Beobachtung im Krankenhaus bleiben soll. Trotzdem konnte mich niemand von meinem Glück abhalten und ich rannte durch die Station und schrie: „ Juhu! Ich habe es geschafft!" „Ich habe den Krebs besiegt!", dachte ich. So wird dieses Weihnachten auch ewig in meiner Erinnerung bleiben.

Bianca Burmeister

Das Leuchten der Sterne

Es lacht, es liebt, es leuchtet

Die Kinder freuen sich,
packen ihre Geschenke aus,
essen Honiglebkuchen von Mama,
sind fröhlich.

Als sich der Tag verabschiedet,
gehen sie alle gemeinsam hinaus
in die dunkle Nacht.
Es ist bewölkt.
Sie spazieren durch Gassen,
später über Felder und Wiesen.
Drei Jungen laufen voraus,
ihre Mutter hinterher,
bis sie schließlich ihr Ziel erreichen.

„Hallo, Papa!", ertönt es im Chor,
„Frohe Weihnachten, Schatz!" ganz leise.
Sie stellen den Teller ab,
Lebkuchen darauf,
selbst gebacken,
von den Kindern verziert
mit Herzen und Schneeflocken.
„Hier, für Dich!"

In diesem Moment, ganz plötzlich,
öffnet sich die Wolkendecke.
Sie schauen gleichzeitig hinauf
und erblicken ihn:
den schönsten Sternenhimmel,
den es jemals gegeben hat.
„Mama, ich glaube sie schmecken ihm."
Sie lächelt und murmelt:
„Ich weiß, mein Junge, ich weiß", denn

er lacht, er liebt, er leuchtet.

Sabrina Taub

Wenn ich mir vorstelle

Wenn ich mir vorstelle
ich könnt'
am 24. Dezember woanders sein...

Unter Palmen am Strand
In New York am Times Square
Nordlichtschauen in Island
Schwimmen im karibischen Meer

In Südafrika Safari
Bei 43 Grad
Vielleicht sogar Bali
Oder Atlantikkreuzfahrt

Was gäb's nicht für Ziele
Wo könnt' man nicht hin
Und machen's auch viele
Glaubt's nicht, dass ich spinn!

Von echten Kerzen der Duft
Ein Glühwein, der raucht
Weihnachtsmusik in der Luft
Nichts mehr, das man braucht

Die Lichter vertraut
Die Plätzchen, sie schmecken
Kinderlachen so laut
Das Christkind entdecken

Es lächelt der Baum
Es kuschelt die Decke

Es wartet der Traum
Hinter jedweder Ecke

Wenn ich mir vorstelle
ich wär'
am 24. Dezember woanders…

Dann wäre ich ganz sicher
lieber daheim!

Hans-Peter Schneider

Danksagung

Danke! Thank you! Merci! Grazie! Gracias! Gratias agimus! Tack! Dankschee!

Wir, das P-Seminar „Literaturwettbewerb" des Gymnasiums Gaimersheim, sind stolz darauf, dieses Buch nach langen Vorbereitungsmonaten in Händen halten zu dürfen, und möchten allen Beteiligten unseren herzlichen Dank aussprechen, da es ohne Sie nicht möglich gewesen wäre.

Vielen Dank an alle unsere Sponsoren, die uns finanziell oder mit Sachspenden unterstützt haben:

Café Fingerlos, Raiffeisenbank Gaimersheim-Buxheim eG, FIX Schnellreinigung Tonn & Demund OHG, Edeka Fanderl, Willner Fahrradzentrum Ingolstadt, SB-Bau GmbH, Freihof Partnerschaft, FC Ingolstadt 04, Altstadtkinos Ingolstadt, Notariat Ampenberger und Fembacher, Buchhandlung Gerd Stiebert, Schanzer-Lasertag Ingolstadt und Buchhandlung Hugendubel.
Des Weiteren möchten wir uns bei der Firma Nordbräu, Edeka Süd und der Metzgerei Böhmfelder für die Verpflegung an unserem Leseabend bedanken. Zudem vielen Dank an die Druckerei Ledin für das Drucken unserer Plakate und Flyer.

Ein großes Dankeschön auch an den Elternbeirat des Gymnasiums Gaimersheim, der uns ebenfalls bei der Umsetzung des Projekts tatkräftig unterstützt hat, und den Juroren für die Bewertung der Geschichten.
Und zu guter Letzt bedanken wir uns ganz herzlich bei unserem Seminarleiter Hans-Peter Schneider, der dieses Projekt ins Leben gerufen und mit uns gemeinsam umgesetzt hat, und bei all unseren Lesern für den Kauf dieses Buches.

Wir hoffen, es bereitet Ihnen genauso viel Freude wie uns und versüßt Ihnen die Weihnachtszeit.

Philipp Bernd, Jette Borck, Bianca Burmeister, Anne Denzlein, Melissa Dreinhöfer, Jessica Gruschwitz, Jacqueline Hitér, Janina Hofmann, Klara Mowitz, Lea Schaller, Sabrina Taub, Juliana Tonn und Viktoria Wollweber

P-Seminar „Literaturwettbewerb" 2017-19 am Gymnasium Gaimersheim